AF453750

LE

R. P. FRANÇOIS-XAVIER LIBERMANN

LE P. FRANÇOIS-XAVIER LIBERMANN

décédé à Chevilly le 23 juillet 1907.

AVANT-PROPOS

Comme la notice du regretté P. Libermann nous introduit au sein de la famille de notre Vénérable Fondateur, son oncle, nos confrères nous sauront gré de consigner les détails intéressants qui suivent. Pour les avoir plus précis et plus authentiques, le R. P. Barillec a eu l'heureuse idée de s'adresser à la dernière sœur survivante du P. Libermann, la Rév. Mère Marie-Thérèse de Jésus, religieuse des Sacrés-Cœurs de Jésus et Marie de Louvencourt, à Amiens. La bonne Mère a répondu volontiers à son appel, en faisant la remarque que, sur ses oncles et tantes, ses renseignements seront nécessairement incomplets ; mais il n'en sera pas de même de ceux qu'elle donne sur son frère, notamment pour la période de leur enfance. « J'étais, dit-elle, sa compagne assidue. Il avait seulement dix-sept mois de plus que moi ; nous étions toujours ensemble, et je lui ai fait faire maintes sottises. » Elle a voulu, du reste, soumettre ses notes à la revision du général, son frère, avant de les faire parvenir à la Communauté.

De cet exposé résulte pour nous le devoir de donner dans leur intégrité les dits renseignements, si précieux pour notre Congrégation, qui a été la seconde famille du Vénérable Père et du P. François-Xavier Libermann.

PREMIÈRE PARTIE

LA FAMILLE LIBERMANN

1. — Samson Libermann.

L'aîné des frères du Vénérable Libermann, Samson-François-Xavier, qui, le premier de la famille, embrassa le christianisme, naquit à Saverne en 1790. Il fut, depuis sa conversion, un vrai et parfait chrétien. Il aimait et vénérait son frère, et sous sa direction apprit à faire oraison. Il assistait presque chaque jour à la messe, autant que ses fonctions le lui permettaient; ses enfants ont souvent admiré son esprit de mortification. Il se refusait à voir des cortèges, des illuminations et autres choses permises, et se privait

Le Dr Samson Libermann.

souvent, par amour pour Notre-Seigneur, de ce qui pouvait lui être agréable. Il prenait le plus grand soin de ses enfants, leur apprenant lui-même, dès qu'ils avaient deux ans, l'Oraison dominicale et la Salutation angélique. Il les interrogeait sur la Religion et l'Histoire Sainte, et ne leur permettait aucune lecture sans être sûr que les livres qu'ils avaient entre les mains ne pussent nuire à leurs âmes.

La propriétaire de la maison habitée par la famille Libermann avait une loge au théâtre, elle crut faire grand plaisir en invitant les deux dernières filles du docteur à y venir avec elle, une fois par semaine. « Madame, lui dit le père de famille, je vous suis très reconnaissant de l'honneur que vous nous faites ; mais j'ai pour principe de ne jamais permettre à mes enfants d'aller au théâtre sans moi. » Je ne dis pas que cette décision plût beaucoup à la plus jeune des deux sœurs, mais Dieu le permit afin que son âme restât pure.

Tous les samedis, on disait le chapelet à genoux en famille, afin d'honorer d'une manière particulière la Sainte Vierge.

Savant modeste, très versé dans la littérature allemande et française, cherchant surtout à approfondir les secrets de son art, il étudiait chaque jour les nouveaux progrès de la médecine.

Ayant été obligé, après sa conversion, de quitter Strasbourg pour échapper à la rancune de ses anciens coreligionnaires, il fut choisi comme maire de la commune d'Illkirch qu'il habitait. Après quelques années d'absence, étant revenu à Strasbourg, il devint président de la Société de Saint-Vincent de Paul, médecin des Pères Jésuites, du petit séminaire, du couvent N.-D. du Bon-Pasteur, etc., etc.

Il assista son frère, le Vénérable, dans sa dernière maladie. Après la mort de sa femme, qui arriva en 1856, il désira ne plus penser qu'à son salut et se retira à Langonnet, où il consacra ses dernières années aux soins des malades pauvres des environs. Il n'avait jamais enfreint les lois du jeûne, bien que son vénéré frère l'eût assuré qu'il en était exempté par sa profession. L'année même de sa mort, il observa dans toute sa rigueur le carême, très rude en Bretagne. Dieu demanda à ce grand chrétien un dernier sacrifice, celui d'une fille bien-aimée qui le précéda de deux mois dans la tombe. Il l'assista à ses derniers moments et lui fit faire le sacrifice de sa vie. Il rendit sa belle âme à Dieu après trois jours de maladie, le 12 janvier 1860, dans la 70ᵉ année de son âge. Son corps repose au pieux cimetière de la communauté, où ses trois fils, François, Henri et Léon, groupés providentiellement après la guerre, lui ont érigé un monument de leur filiale piété.

2. — Madame Samson Libermann.

Isabelle-Marie-Antoinette Meylert, la digne compagne du
Dr Libermann, était née à Cassel, Hesse Électorale, ancienne
Thuringe, en 1794. Son père, banquier du prince Électeur,
fut tellement molesté par les Français lors de la guerre de
Russie, pour n'avoir pas voulu livrer la fortune du prince, qu'il
en mourut de chagrin. On avait brûlé une de ses propriétés
avec une forêt attenante. Sa veuve se réfugia à Mayence avec
sa dernière enfant, âgée de 18 ans, et mourut peu après, con-
fiant son enfant à sa fille aînée, Mme Reinach, qui fut une vraie
mère pour l'orpheline. Le fils de M. et Mme Reinach avait,
comme précepteur, un jeune étudiant en médecine, M. Libermann, envoyé à Mayence pour y suivre les leçons d'un célèbre
rabbin ; mais, dégoûté du Talmud, il préféra étudier la médecine, et comme son père, mécontent de ce changement, le laissait sans ressources, il accepta les fonctions de précepteur afin
de pouvoir continuer ses études.

Les deux jeunes gens se voyaient journellement, ils avaient
les mêmes aspirations vers le christianisme, ils résolurent de
se marier afin de pouvoir suivre leur dessein, projet inspiré et
béni par le Ciel. La jeune fille éprouva dans sa famille la plus
vive opposition à cette union, et ce ne fut qu'après une lutte de
plusieurs années qu'elle en triompha.

Mme Libermann avait un cœur profondément religieux ; étant
jeune enfant et passant chaque jour, en se rendant en classe,
devant la statue de sainte Élisabeth, elle lui faisait la révérence,
se sentant invinciblement attirée vers cette aimable sainte,
patronne de la Thuringe. Depuis sa conversion, elle fit chaque
jour de nouveaux progrès dans la piété; très vive de caractère, elle tâchait de se modérer toujours, pour plaire à Dieu ;
sa prière était fréquente, son union à Notre-Seigneur presque
incessante, malgré les soins de son intérieur et la surveillance
de ses enfants. Elle inculquait à ceux-ci l'amour de Dieu et
de la Sainte Vierge, ainsi qu'une grande dévotion aux saints
Anges et une charité ardente envers le prochain. Les pauvres
étaient toujours bien accueillis dans sa maison; elle faisait
largement l'aumône, souvent par les mains de ses enfants, afin
de leur apprendre à soulager les malheureux. Elle visitait les

pauvres malades, les soignait, leur apportait des douceurs et intéressait à leur sort des personnes charitables.

Mme Libermann fut très éprouvée à la fin de sa vie par une ophtalmie très grave qui lui fit presque perdre la vue ; à cette cruelle infirmité se joignit une maladie de foie aiguë ; elle supporta cette visite de la Providence avec une patience admirable, bénissant Dieu de la purifier par là de ce qui avait pu l'offenser dans sa vie. Elle rendit sa belle âme à Dieu, à Strasbourg, au mois de juin 1856, âgée de soixante et un ans. La divine Providence avait donné à ces chrétiens d'élite sept enfants, dont quatre embrassèrent la vie religieuse. Le vénérable serviteur de Dieu, leur oncle, les aimait beaucoup, il venait souvent chez son frère aîné et s'occupait de la petite famille, qui avait pour lui une grande affection mêlée de vénération. Il les reprenait avec douceur lorsqu'ils commettaient quelque faute, et répondait toujours à leurs lettres, même à celles des tout petits ; il les dirigea plus tard dans leurs vocations respectives.

3. — Pauline Libermann.

PAULINE, l'aînée de la famille, naquit à Strasbourg le 28 mars 1824. Elle eut pour parrain le vénéré vicaire général Liebermann et fut baptisée à 18 mois, en même temps que ses parents. Elle fut placée, au moment de sa première communion, chez les religieuses de la Providence, à Ribeauvillé. Elle puisa auprès de ses maîtresses le goût d'une piété solide. Son caractère était doux et timide. Elle revint chez ses parents vers l'âge de 15 ans. On lui fit continuer ses études par des leçons particulières ; elle avait des aptitudes spéciales pour la musique, qu'on lui fit cultiver avec soin. Elle n'aimait pas le monde, et eut toujours le désir de se consacrer à Dieu. Elle s'en ouvrit à son oncle, qui la dirigea par ses conseils et ses lettres et lui trouva une vocation solide. Il avait été question de son entrée au Roule, dont l'abbé des Genettes, curé de N.-D. des Victoires et ami du Vénérable, était le supérieur ; tout était arrangé pour la réception de la jeune postulante, lorsque la Mère Saint-Bernard, supérieure de Louvencourt, en eut connaissance. Elle demanda instamment au serviteur de Dieu, à qui elle avait rendu de grands services, de lui donner sa nièce, — ce qui fut accordé. Pauline fut conduite à Amiens par sa mère, qui voulut présenter elle-même à Dieu sa fille tant aimée. La jeune novice se fit estimer de sa nouvelle famille par son caractère doux et conciliant; excellente musicienne, elle fut jusqu'à la fin de sa vie organiste, maîtresse de chant et de piano. Elle resta plus de 30 ans à Dunkerque et fut ensuite transférée à Doullens, où elle mourut saintement le 11 novembre 1891, à l'âge de 69 ans. Elle avait pris le nom de Sœur Saint-Léopold, à cause de son parrain. Elle fut l'assistante de la Supérieure dans les deux maisons où elle fut placée; les Sœurs s'adressaient à elle avec la plus grande confiance, à cause de sa discrétion et de son caractère conciliant.

4. — Caroline Libermann.

CAROLINE, seconde fille du docteur Libermann, naquit à Illkirch le 15 mai 1827. Dieu l'avait grandement douée du côté de l'intelligence. Elle apprenait avec une facilité extraordinaire tout ce qu'on lui enseignait. Elle fut placée comme pensionnaire au couvent Notre-Dame et resta toujours à la tête de sa classe. Les jours de sortie et pendant les vacances, elle faisait les délices des plus jeunes de la famille, en leur racontant des histoires qu'elle inventait, et qui tenaient pendant des heures son petit auditoire suspendu à ses lèvres, à la grande joie de Mme Libermann, qui, pendant ce temps, pouvait tranquillement vaquer à ses occupations. Caroline sortit de pension à l'âge de 16 ans et fréquenta quelques sociétés où elle fut très appréciée pour la vivacité de son esprit et sa distinction. Ses parents et son oncle trouvèrent qu'elle était trop jeune encore pour paraître dans le monde, et qu'il fallait mettre à profit sa grande aptitude pour l'étude en la présentant aux examens.

Son oncle, venu à Strasbourg pour les affaires de sa Congrégation, la conduisit lui-même au pensionnat de Louvencourt, à Amiens, où se trouvait déjà sa sœur aînée. Caroline y resta deux ans comme élève. Elle avait fait un grand sacrifice en quittant sa famille et pleura longtemps son exil. Ses compagnes, qui appréciaient son aimable caractère et la voyaient souvent triste, faisaient tout ce qu'elles pouvaient pour la distraire. Ce fut la maîtresse générale, la bonne Mère Saint-Alexan-

dre, femme d'une nature élevée et d'une piété solide, qui,
ayant acquis la confiance de la jeune fille, lui fit comprendre le
bien que Dieu lui voulait en la séparant de ceux qu'elle aimait
tant. Caroline devint très fervente, fut reçue Enfant de Marie et
devint secrétaire de la Congrégation ; ses compagnes lui décer-
nèrent le prix d'honneur pour la sagesse à la fin de l'année
scolaire. Elle passa ses vacances à Paris chez son oncle Félix,
qui, de concert
avec sa femme,
lui procura mille
distractions. L'an-
née suivante, elle
travailla avec tant
 d'application
qu'elle put se pré-
senter aux exa-
mens n'ayant pas
18 ans, ce qui
n'était pas permis
alors. Elle obtint
le brevet supé-
rieur. Son oncle,
qui demeurait à
Amiens, venait la
voir deux fois par
semaine ; elle lui
ouvrait son âme
tout entière. Le
serviteur de Dieu,

Mère Sainte-Agnès.

éclairé d'en-haut, conseilla à sa nièce d'entrer au Noviciat sans
retourner dans sa famille. Le respect et l'affection que le docteur et Mme Libermann avaient pour le saint prêtre les firent
souscrire à cet arrangement, malgré la peine qu'ils en eurent.

Caroline, en prenant l'habit religieux, reçut le nom de Sœur
Sainte-Agnès de Jésus ; elle resta quatre ans à la Maison-
Mère. Les religieuses des Sacrés-Cœurs ayant fondé, sur la
demande du cardinal Giraud, un pensionnat à Dunkerque, la
Mère Sainte-Agnès y fut envoyée comme maîtresse générale des
études. Elle retrouva là, avec sa sœur aînée, la bonne Mère
Saint-Alexandre comme supérieure. De concert avec elle,

furent fondés la Réunion des Enfants de Marie du monde, des Retraites annuelles pour les dames, la visite des pauvres, l'Arbre de Noël; plus de 40 familles indigentes recevaient chaque année de la main des élèves, très généreuses dans le Nord, vêtements, bons de charbon, de pain, de viande, et une foule de douceurs. La Mère Sainte-Agnès, très aimée et estimée, était l'âme de toutes ces réunions.

Le serviteur de Dieu, malgré ses nombreuses occupations, vint à Dunkerque en 1861 pour y voir ses nièces et resta deux jours avec elles. Il appelait la Mère Sainte-Agnès « l'Agneau de Jésus ». Il l'a toujours dirigée jusqu'à sa mort. Elle le pleura longtemps. Elle était très timorée, mais d'une obéissance exemplaire.

La supérieure étant d'une faible santé, tout le poids du gouvernement tombait sur elle : direction des études et des élèves, parloir, réunions diverses. Elle ne se plaignait jamais, mais elle finit par succomber sous le poids d'un si écrasant fardeau. Elle présida la rentrée des élèves le 8 octobre 1867 ; le lendemain, elle dut s'aliter ; le médecin qu'on fit venir ne vit rien d'inquiétant dans son état, il dit que quelques jours de repos suffiraient pour la remettre. Mais comme la faiblesse de la malade augmentait, une consultation fut demandée ; le docteur appelé dit qu'il fallait se hâter de donner les derniers sacrements, parce que la patiente n'avait plus que deux heures à vivre. En effet, à peine Mère Sainte-Agnès eut-elle reçu l'Extrême-Onction qu'elle expira : c'était le 16 octobre 1867. Elle était à peine âgée de 40 ans.

Elle fut pleurée par toutes les personnes qui l'avaient connue, et sûrement elle a été reçue avec joie au Paradis, car elle s'est toujours oubliée elle-même, ne pensant qu'à procurer la gloire de Dieu et le salut des âmes. Mère Sainte-Agnès propagea à Dunkerque la dévotion à saint Joseph. Elle avait un grand amour pour le saint Époux de Marie, qui lui accorda plusieurs faveurs signalées. Une tumeur au genou lui étant survenue et l'empêchant de marcher, le médecin déclara qu'elle ne guérirait que par une opération, qui fut fixée dans la huitaine. La malade somma saint Joseph de la guérir et pria avec tant de ferveur que, lorsque le médecin revint, à sa grande stupéfaction, il ne trouva plus trace du mal.

5. — Marie Libermann.

Marie, troisième fille du docteur et de Mme Libermann, naquit aussi à Illkirch en 1829. Peu avant sa naissance, il arriva à sa mère une chose singulière. Très charitable, elle accueillait avec bonté les voyageurs et les pauvres. Un matin, on lui annonça qu'une jeune femme modestement vêtue désirait lui parler. L'inconnue lui dit qu'elle se rendait à Marienthal et qu'elle demandait la permission de se reposer un moment. Mme Libermann lui fit servir à déjeuner et, dans le courant de la conversation, la pria de ne pas l'oublier auprès de la Vierge miraculeuse : « Je vais bientôt avoir mon troisième enfant, dit-elle, demandez à notre Mère du ciel que ce soit un fils : mon mari le désire tant ! — Vous aurez une fille, répondit l'inconnue : ce sera une enfant de bénédiction, appelez-la Marie en l'honneur de la Sainte Vierge. Surtout n'oubliez pas de me faire visite lorsque vous viendrez à Marienthal, je demeure là, tout le monde m'y connaît ; je m'appelle Marie. » En disant ces mots, elle prit congé. Mme Libermann lui offrit de quoi poursuivre son voyage, mais elle ne voulut rien accepter. Elle laissa une impression suave au cœur de la jeune mère. Les choses arrivèrent comme elle l'avait annoncé, et lorsque, quelques mois plus tard, M. et Mme Libermann se rendirent pour la première fois au célèbre pèlerinage (qui, à cette époque, n'avait, en dehors de l'église, qu'une hôtellerie pour recevoir les pèlerins), et demandèrent si on ne connaissait pas une personne nommée Marie, qui demeurait là : « Oui, répondit l'hôte en riant, il y en a une, c'est la Sainte Vierge. »

Marie eut pour parrain son oncle vénéré, qui eut toujours pour elle une affection particulière. Sa marraine, Mme Halé, femme du directeur d'une fabrique d'acier, n'ayant pas d'enfants, la demanda à ses parents lorsqu'elle eut deux ans ; elle resta chez elle plusieurs années, mais elle venait presque chaque jour voir ses parents. Douée des plus belles qualités et de beaucoup de mémoire, elle retenait par cœur, dès l'âge de dix ans, des scènes entières d'*Esther* et d'*Athalie* que lui apprenait M. Halé et qu'elle répétait avec une grande intelligence. M. et Mme Halé étant venus se fixer à Strasbourg à peu près en même temps que le docteur et sa famille, Marie suivit des cours dirigés par les dames qui fondèrent plus tard, avec l'abbé Théodore Ratisbonne, la Congrégation des Religieuses de Sion. Elle s'y distingua par son application à l'étude et ses succès en tous genres.

Son caractère gai et aimable faisait le bonheur de tous ceux qui l'entouraient. Elle avait un amour filial pour la Sainte Vierge, et une piété profonde. Elle fut toujours dirigée par son parrain, qu'elle consulta sur sa vocation ; le vénérable serviteur de Dieu lui dit qu'elle n'était pas faite pour le cloître. A la mort de M. Halé, sa femme se retira à Sainte-Barbe comme dame pensionnaire, et Marie revint chez ses parents, dont elle fut la joie et la consolation. Elle soutint le courage de sa mère dans la longue maladie que Dieu lui envoya. A la mort de Mme Libermann, Marie ne voulut pas suivre son père à Langonnet. On lui avait fait plusieurs propositions de mariage, mais elle les refusa toutes, Dieu permettant qu'elle ne les trouvât pas à son gré.

Elle se rendit d'abord à Amiens avec son père, qui visita une dernière fois ses filles religieuses, puis elle accepta l'hospitalité de la supérieure des Oiseaux, Mère Sophie, qui, de concert avec les Mères Saint-François-Xavier et Saint-Augustin, la comblèrent des attentions les plus délicates. Ces dames, qui avaient une grande vénération pour le serviteur de Dieu, son oncle, en firent bénéficier sa nièce. Elles montrèrent à Marie (qui voulait se livrer à l'enseignement) toutes leurs méthodes, lui donnèrent leurs livres classiques et lui conseillèrent de faire un essai en s'occupant de l'éducation de Mlle T. de Bréda, enfant de 9 ans. Elle passa l'année 1858-1859 chez le comte et la comtesse de Bréda-Pitray, qui la regardèrent comme un membre de leur famille. Elle passa chez son père, à Langonnet, le mois d'août 1859, puis retourna auprès de son élève. Vers la fin de septembre, elle se trouva souffrante. La famille de Bréda, qui était à Dieppe, revint à Paris à cause d'elle. Son père accourut de Langonnet pour la soigner, car une fièvre typhoïde s'était déclarée : il espérait sauver la malade, mais la Sainte Vierge, qui voulait couronner les vertus de son enfant, rendit tout inutile. Marie Libermann mourut le 15 octobre 1859, dans sa trentième année. Le P. Le Vavasseur, qui la visitait chaque jour, lui avait administré les derniers sacrements.

Ici viendrait dans l'ordre d'âge le quatrième enfant, FRANÇOIS-XAVIER, dont nous donnons plus loin la biographie.

6. — Théodora Libermann.

MARIE-ÉLISABETH-THÉODORA, cinquième enfant du docteur et de Mme Libermann, est née à Illkirch le 27 octobre 1831. Elle eut pour parrain l'abbé Théodore Ratisbonne, qui voulut qu'on substituât le nom de Théodora à celui d'Élisabeth, qu'elle porta jusqu'à l'âge de 7 ans.

Vive, étourdie, elle entraînait souvent son frère François à des escapades qui auraient pu être dangereuses. Elle avait 5 ans et lui 6 ans et demi lorsqu'elle lui persuada, un jour, d'aller chercher à Strasbourg une bonne qu'ils aimaient beaucoup.

Arrivés près du canal du Rhône au Rhin, les deux enfants se mirent à cueillir des fleurs au bord de l'eau et eussent été victimes de leur imprudence, si un ami de la famille ne les eût aperçus et ramenés au logis.

Après sa première communion, Théodora rejoignit ses sœurs au couvent de Louvencourt. Son oncle, le vénérable serviteur de Dieu, adoucissait l'absence des parents en venant deux fois par semaine voir la petite pensionnaire, pour laquelle il eut mille bontés.

Mère MARIE-THÉRÈSE DE JÉSUS.

A l'âge de 17 ans, Théodora revint dans sa famille où elle resta trois ans, ne pensant pas beaucoup à sa vocation. La ferveur de sa sœur Marie lui donna du goût pour la piété. Les deux sœurs allaient chaque jour à la messe, récitaient ensemble le chapelet, faisaient la méditation et assistaient avec leurs parents à tous les offices du dimanche.

Leur père leur avait inculqué un grand amour pour la Papauté et une foi inébranlable pour les décisions émanant du Vicaire de Jésus-Christ.

Théodora avait 20 ans lorsque son oncle mourut. Elle ne lui avait jamais parlé de sa vocation, mais elle crut toujours que ce fut lui qui lui obtint la grâce de son entrée en religion. La mort du serviteur de Dieu la fit réfléchir très sérieusement sur la courte durée de la vie et le bonheur dont jouissait le vénéré défunt après ses épreuves. Déjà auparavant elle avait lu la vie de sainte Chantal et en avait été très touchée.

Ce qui la frappa surtout fut de savoir que les Vierges suivraient partout l'Agneau de Dieu. Elle obtint de ses parents la permission d'aller voir ses sœurs à Dunkerque et resta quelques mois auprès d'elles. Elle leur parla de sa vocation, ainsi qu'à la bonne supérieure de la Communauté. Elle s'en entretint avec des prêtres expérimentés qui lui conseillèrent d'entrer au Noviciat, ce qu'elle fit au mois de juillet 1852. Quelques mois après, elle prenait, avec le saint habit religieux, le nom de Sœur Marie-Thérèse de Jésus.

Toujours elle a remercié Dieu de l'amour qu'il lui a témoigné en l'appelant à lui et en la séparant du monde, qui aurait pu la charmer et la perdre.

7. — Le Dr Henri Libermann.

Henri-Adolphe-Marie, sixième enfant du docteur et de Mme Libermann, naquit à Illkirch le 15 octobre 1834.

Il avait un cœur d'une bonté incomparable. Il revint un jour chez ses parents sans souliers, une autre fois sans manteau : il s'en était défait pour les pauvres. Sa mère dut lui faire comprendre que ses vêtements ne lui appartenaient pas et qu'il n'avait pas le droit d'en disposer. Souvent il amenait chez ses parents de petits Savoyards grelottant de froid et obtenait facilement de sa bonne mère des aliments chauds pour ses protégés.

Tant qu'il vécut, jamais un pauvre n'a sollicité en vain sa charité.

Il fut reçu bachelier à 16 ans. Son père voulait en faire un ingénieur, mais ces études n'ayant aucun attrait pour lui, il tomba malade. On dut lui permettre de suivre son goût pour la médecine. Brillant élève de la Faculté de Strasbourg, il fut nommé, au concours, interne des hôpitaux et, à 24 ans, reçu docteur, après des examens remarquables. Il voulut immédiatement remercier la Sainte Vierge de ce succès; il eut toujours pour elle un amour d'enfant. Ayant refusé un mariage avantageux, et son père le trouvant trop jeune pour exercer la médecine civile, il concourut pour le Val-de-Grâce et fut reçu d'emblée. Peu après, s'ouvrit la campagne d'Italie, puis la guerre de Chine, auxquelles il prit part. Il fut nommé, à 26 ans, chevalier de la Légion d'honneur. Il alla ensuite en Cochinchine et au Mexique. A son retour en France, il fut nommé, au concours, médecin de l'hôpital militaire du Gros-Caillou.

Les événements de 1870 le rappelèrent aux ambulances, d'abord dans l'armée de Metz, ensuite dans celle de l'Est. Il fut récompensé de son dévouement par

Le Dr Henri LIBERMANN.

la croix d'officier de la Légion d'honneur et par un avancement rapide : à 47 ans, il était médecin principal de première classe.

Dans les camps, au Gros-Caillou et partout, il fut le plus puissant auxiliaire des religieuses et des aumôniers pour leur ministère spirituel. Il se croyait même obligé d'exercer un apostolat auprès de sa clientèle. Il y mettait un tact, une discrétion, mais aussi une ardeur admirables. Il a contribué à une foule de conversions. A 48 ans, une attaque de paralysie le força à prendre sa retraite.

Sa charité était inépuisable : non seulement il donnait gratuitement ses consultations aux indigents, mais il y ajoutait d'abondantes aumônes. Le Dr H. Libermann a composé plusieurs mémoires remarquables.

Il se retira, dans les dernières années de sa vie, à Boulogne-sur-Mer, où il mourut pieusement le 27 mai 1890, à l'âge de 55 ans.

Il avait épousé Mlle V. Leducq, d'une famille des plus estimées de Boulogne ; il n'en eut pas d'enfants.

8. — Le général Léon Libermann.

LÉON-PAUL-MARIE, troisième fils et dernier enfant du docteur et de Mme Libermann, est né à Illkirch le 12 octobre 1837.

Ardent, prime-sautier, ayant la réplique à tout, il faisait la joie de son père. Il manifesta, dès son enfance, des goûts belliqueux. Son grand bonheur était de voir manœuvrer les militaires, fort nombreux à Strasbourg. Il avait une grande facilité pour le calcul. A 12 ans, il entra au cours de mathématiques spéciales et fut toujours des premiers, l'emportant sur de grands jeunes gens de 16 à 18 ans. A 17 ans, il fut reçu à St-Cyr ; il était le plus jeune de sa promotion. Il sortit de l'École militaire à 19 ans comme sous-lieutenant. Placé dans divers régiments, il fit la campagne du Mexique, où il se distingua par des faits d'armes remarquables.

Envoyé ensuite en Algérie, il fut très éprouvé par les fièvres et dut revenir en France. Il fit, comme capitaine aide de camp d'un général de division, la campagne de 1870, et se signala par son courage. Il y fut nommé chef de bataillon et chevalier de la Légion d'honneur. Devenu après la guerre secrétaire du Comité de l'Infanterie, il passa assez rapidement par tous les grades. Étant général de brigade, il fut désigné par le gouverneur de Paris comme commandant militaire du département de la Seine. Il termina sa carrière comme général de division et grand officier de la Légion d'honneur.

L'amitié la plus étroite régnait entre les deux frères. Ils étaient entrés dans la même famille, très chrétienne et très unie. Le général a trouvé dans son union avec Mlle E. Leducq autant de bonheur qu'on peut en avoir en ce monde. Sa femme lui a donné cinq enfants : quatre filles et un fils. L'aînée, Mlle M.-T. Libermann, née le 18 novembre 1882, à Boulogne-sur-Mer, a toujours aspiré à une union intime avec Notre-Seigneur, et a voulu se dévouer pour les pauvres en entrant chez les Sœurs de Charité, où elle se trouve depuis plusieurs années.

Les trois autres filles sont mariées. Le dernier enfant, un fils, seul rejeton de la famille, veut suivre la même carrière que son père.

Le général Libermann a toujours montré le plus grand respect pour la religion. Il l'a pratiquée partout où il s'est trouvé, donnant ainsi l'exemple à ceux qu'il avait sous ses ordres.

Le général Léon LIBERMANN.

9. — Les frères du Vénérable Libermann.

DAVID, second fils de Lazare Libermann, naquit à Saverne. Il reçut au baptême le nom de Christophe. Après sa conversion, il se rendit en Amérique, où il se maria. Il s'occupa d'un commerce (j'ignore lequel), et mourut de la fièvre jaune, n'ayant jamais eu d'enfant.

FELKEL, troisième fils du rabbin de Saverne, fut nommé Félix à son baptême. Il tenait à Paris une librairie et un atelier de reliure. De son mariage avec Mlle Berger il eut quatre enfants :

1° ALBERTINE LIBERMANN, qui entra aux Oiseaux comme religieuse de chœur et accepta d'aller, avec quelques autres de ses compagnes, aider le couvent Notre-Dame de Strasbourg qui manquait de sujets. Elle resta dans cette Communauté où elle donna toujours l'exemple de toutes les vertus et y mourut saintement, au mois de septembre 1906.

2° Eugène Libermann, qui entra dans un grand établissement de vins de Bourgogne comme voyageur. Il mourut sans être marié.

3° Amélie Libermann, qui essaya de la vie religieuse, mais sentit que ce n'était pas là ce que Dieu demandait d'elle. Elle vécut très pieusement dans une Communauté comme dame pensionnaire.

4° Xavier Libermann, qui fut un musicien distingué. Il mourut il y a quelques années, étant marié, mais n'ayant jamais eu d'enfants. Leur père, Félix Libermann, mourut du choléra en 1848, ayant toujours mené la vie d'un parfait chrétien.

Samuel, quatrième fils de Lazare Libermann, reçut au baptême le nom d'Alphonse. Il partit pour l'Amérique et demeura à la Nouvelle-Orléans. Il avait un commerce de cuirs, il épousa une Anglaise catholique et en eut deux filles qui se marièrent.

De son second mariage, Lazare Libermann eut un fils nommé Nathanael. Il devint le rabbin de Nancy. Le Dr Libermann n'eut jamais de rapports avec lui; il n'eut qu'une fois l'occasion de le voir, et voici dans quelle circonstance. Ayant été appelé en consultation dans une ville du Bas-Rhin, il monta dans un compartiment de chemin de fer où se trouvaient deux messieurs; il connaissait l'un. Celui-ci, ayant engagé la conversation, lui dit, après quelques paroles banales : « Docteur, permettez-moi de vous présenter votre frère, le rabbin de Nancy. » Mais ce dernier, s'avançant, accabla d'injures son parent; aussi le docteur profita du premier arrêt du train pour changer de compartiment. Nathanaël eut deux fils : l'un fut tué à la guerre de 1870; l'autre, industriel à Paris, vint voir à deux reprises le général Libermann, qui ne désira pas donner suite à ces relations.

10. — Sarah Libermann.

Les notes qui précèdent passent sous silence Sarah, sœur utérine de Nathanaël, du second mariage du rabbin Lazare Libermann, et, dès lors, sœur consanguine du Vénérable Père. Nous croyons devoir suppléer à ce silence en reproduisant ici le récit touchant donné par le Vénérable Père lui-même d'une entrevue qu'il eut avec sa sœur à Saverne, en 1836 (*Lettres spirituelles*, t. I, p. 196. Lettre XXXVIIe à son frère et à sa belle-sœur).

« Je me suis arrêté à Saverne, où j'ai employé le moyen qui m'avait été indiqué pour voir Sarah, et il a parfaitement réussi. Sur l'indication de M. le Curé, une bonne personne fit dire à la pauvre Sarah qu'elle avait quelque chose à lui communiquer et que c'était pressé. La pauvre fille se douta de suite de quoi il s'agissait, à cause d'une lettre du Rabbi Isaac qu'elle avait reçue la semaine précédente. Il disait à la famille qu'il viendrait passer quelques jours chez eux, et qu'il leur raconterait une chose bien affligeante qu'il avait apprise ; il aurait bien voulu, ajoutait-il, la leur dire de suite, mais il n'osait pas. Sarah a deviné ce dont il pouvait s'agir, et elle s'attendait à être appelée un beau jour pour me voir. Elle ne manqua pas de venir à l'heure fixée. J'étais là, en soutane. Elle jeta, en entrant, un petit regard sur moi et ne me reconnut pas d'abord. Il y avait un visiteur étranger dont la présence l'embarrassait. Sarah, se retournant de nouveau vers moi, me fixa pendant quelques instants. Je voulus me détourner et attendre la sortie de l'étranger ; mais c'était trop tard. Elle me reconnut et se laissa choir sur une chaise qui était là par bonheur, puis se cacha la figure de ses deux mains, en poussant un cri de surprise et d'effroi. Ce que voyant, la maîtresse de la maison se hâte d'expédier le visiteur et nous laisse seuls. Alors Sarah se jette à mon cou en pleurant, et me dit d'un ton à me percer le cœur : « Oh ! je suis si malheureuse ! » Je lui répondis que je le comprenais sans peine, et qu'elle pouvait compter sur nous tous ; que nous l'aimions tous beaucoup ; que nous étions affligés d'en être séparés, et que nous serions toujours là pour lui prêter secours dans le besoin.

« La pauvre fille pleura pendant presque tout le temps que je fus avec elle. Elle me parla de Nathanaël qui la traite avec beaucoup de hauteur ; aussi n'a-t-elle pas pour lui l'affection qu'elle nous porte, et c'est là ce qui la rend malheureuse. Séparée de tous ceux qu'elle aime, elle vit à côté de celui qu'elle n'aime pas, et qui la traite si mal.

« Je lui montrai la lettre de son frère : nouveaux pleurs de sa part. Pour la distraire de ses tristes pensées je lui adressai

quelques questions risibles sur Jacob et Isaac, ce qui l'égaya un peu.

« La lettre de notre cher Alphonse lui fit verser tant de larmes que je ne pus en finir la lecture ce jour-là. Je profitai pourtant de la circonstance pour lui parler de religion : c'était à l'occasion des injures que Rabbi Isaac débite sur mon compte. Je lui dis que c'était un devoir pour moi de me justifier devant elle de toutes les mauvaises idées qu'elle avait pu se former sur mon changement. Elle trouvait ce changement étonnant et ne voulait tout d'abord pas croire à ma sincérité. Je lui parlai avec beaucoup de vivacité sur ce point, et nous étions si émus que nous pleurions tous les deux comme des enfants, sans pouvoir pendant longtemps proférer une parole. Enfin, je pris le dessus et la relevai de son abattement. Nous causâmes encore de religion, et elle finit par admettre ma sincérité, mais ce fut là tout ce que je pus gagner. Ses préjugés contre notre bon Seigneur Jésus et notre bonne Mère la Très Sainte Vierge sont si grands, qu'il n'y eut pas moyen de la désabuser. Jugez de mon affliction en l'entendant blasphémer ce que j'ai de plus cher dans le ciel et sur la terre !

« Elle voulait que je restasse jusqu'au lendemain pour me revoir encore. Je le fis ; elle vint à sept heures du matin, pendant que sa mère était à la synagogue, et resta avec moi jusqu'à dix heures. Elle revint l'après-midi à trois heures et resta jusqu'à cinq heures et demie.

« Le second jour, je touchai encore une fois le point capital ; mais voyant qu'il n'y avait rien à faire sinon l'attrister, je la laissai tranquille.

« En somme, voici ce que je pense de cette pauvre fille. Elle est très intéressante, à cause du malheur qu'elle a d'être dans les ténèbres ; elle a le cœur très sensible, et serait capable de faire une très bonne chrétienne ; elle nous aime beaucoup. Très éloignée encore de la religion chrétienne, elle ne laisse pas de donner des espérances pour l'avenir. Tout dépend maintenant du bon Dieu ; prions, et peut-être la sauvera-t-il. Si elle avait plus de communications avec les chrétiens, surtout avec les bons chrétiens, et moins avec les juifs, ses préjugés tomberaient peu à peu. Abandonnons le tout entre les mains de Dieu. Si l'occasion s'en présentait, témoignez-lui beaucoup d'affection, et rendez-lui les services dont vous êtes capables ;

je l'ai assurée que vous l'aimiez beaucoup, et que vous vous intéressiez à elle d'une manière toute particulière.

« Du reste, elle est passablement exaltée ; elle lit beaucoup de romans. Je l'ai engagée à laisser ces mauvaises lectures ; elle me l'a promis. »

Hélas ! la pauvre Sarah n'avait pas promis d'étudier, ni de se laisser éclairer sur la religion chrétienne. Il paraît bien qu'elle a persisté jusqu'à la mort dans son judaïsme.

Mais il est temps de revenir à notre bon P. François-Xavier Libermann.

DEUXIÈME PARTIE

LE P. FRANÇOIS-XAVIER LIBERMANN

---

1. — Son enfance.

François-Xavier Libermann, quatrième enfant du docteur et de Mme Libermann, est né le 21 juin 1830 à Illkirch (Alsace), où ses parents s'étaient retirés après leur conversion au catholicisme, pour éviter les ennuis que leur causaient leurs anciens coreligionnaires. Dieu s'était montré miséricordieux à leur égard, car tous deux, avant leur mariage, s'étaient promis de changer de religion, ayant lu ensemble le Nouveau Testament, qui les avait ravis, comparé aux inepties du Talmud. Ils avaient d'abord pensé au protestantisme, parce que la plupart des personnes qu'ils fréquentaient étaient de cette religion.

Attendant la naissance de son premier enfant et songeant à le faire baptiser, le Dr Libermann alla trouver M. Hofner, président du Consistoire d'Augsbourg, pour lui exposer ses doutes et ses désirs. M. Hofner était un incroyant. Il répondit à son visiteur qu'il avait tort de quitter le judaïsme, que, toutes les religions étant également bonnes, il lui conseillait de rester ce qu'il était.

Ce fut une grande anxiété pour les deux époux, mais leur enfant étant né mort, ils ne firent plus aucune démarche. Une circonstance, préparée par la divine Providence, les sortit de peine. Un savant allemand étant venu à Strasbourg pour rendre visite au célèbre théologien Liebermann, vicaire général de Mgr Tharin, on lui indiqua, par erreur, l'adresse du docteur en médecine, et il fut reçu par la jeune femme de ce dernier. Il raconta en riant son aventure au vicaire général, qui voulut faire la connaissance de son homonyme et lui rendit visite. Comme il était la bonté même, les relations devinrent bientôt intimes, et la conversion au catholicisme des jeunes époux en fut la suite. Il devint l'ami par excellence de la famille, baptisa les parents et ensuite tous les enfants, au fur et à mesure de leur naissance.

François-Xavier, l'aîné des trois fils, était très désiré par ses parents ; mais, quelques mois après sa naissance, ayant été atteint du croup, il fut bientôt à toute extrémité, malgré les soins qu'on lui prodigua. Son père quitta la maison, ne voulant pas le voir mourir, et il ne resta auprès de l'enfant qu'une vieille bonne très attachée à la famille. Celle-ci eut une inspiration soudaine : elle fit entrer par force dans la bouche du petit malade une certaine quantité de vieux vin ; l'enfant, en le rejetant, se débarrassa des mucosités qui l'étouffaient et fut sauvé, au grand étonnement de son père et à la joie de toute la famille.

François-Xavier était naturellement doux et pieux ; il se laissait pourtant parfois entraîner à de petites fredaines par une sœur qui était sa compagne habituelle de jeux. Un dimanche matin, pendant que personne ne s'occupait d'eux, nos deux étourdis, dont l'aîné avait 5 ans et demi, résolurent d'aller à l'église, très proche de la maison paternelle. C'était une paroisse mixte ; on y faisait, avant la grand'messe, le service des protestants. Les enfants, pour s'y rendre, s'affublèrent l'un du gilet de son père, l'autre d'un vêtement du matin de sa mère, le tout faisant queue. Se tenant par la main, ils firent leur entrée à l'église pendant le prêche et se placèrent vis-à-vis la chaire. L'hilarité des assistants fut telle, à la vue de ce petit couple, que le service ne put continuer. Le pasteur, irrité, garda rancune au docteur, bien que celui-ci fût fort innocent de cette incartade.

A l'âge de 8 ans, François-Xavier reçut les leçons du vicaire de la paroisse. Son plus grand bonheur était de servir la messe à son professeur et d'arranger des chapelles dans une chambre qu'on mettait à sa disposition. Il y imitait les cérémonies de l'Église. Il a toujours montré une piété au-dessus de son âge, et dit, sans avoir jamais varié, qu'il voulait être prêtre. Il avait près de 10 ans quand ses parents retournèrent à Strasbourg, pour y mieux suivre l'éducation de leurs enfants. François-Xavier fut placé au petit séminaire, dont son père était le médecin. Il était très appliqué, mais la mémoire lui faisait défaut ; il ne brillait pas dans ses études. Le docteur aurait voulu voir son fils aîné l'emporter sur ses jeunes frères, qui avaient une grande facilité et comprenaient de prime abord ce qu'on leur enseignait. Aussi, quoiqu'il fût très bon, le pauvre François s'entendait dire : « Tu ne sauras jamais rien ; que veux-tu, on fera de toi un ouvrier. » Cela le rendait plus timide, mais il ne répondait pas, et offrait à Dieu ce qui lui faisait de la peine.

Il continuait, au petit séminaire, à être un assidu servant de messe et un modèle de piété et de pureté. Il y fit sa première communion avec une foi vive et un grand amour. Peu après, Dieu l'éprouva en lui envoyant une ophtalmie très grave.

On craignait pour sa vue, et il dut rester plusieurs semaines dans une chambre obscure. Son père, non content de lui donner ses soins les plus assidus, demanda le concours d'un oculiste distingué ; mais aucun remède ne paraissait opérer, à la grande désolation de la famille. François-Xavier conçut alors la pensée de faire une neuvaine à un serviteur de Dieu nouvellement béatifié, André Bobola (il me semble), dont on lui avait donné une image. Toute sa famille s'unit à lui, et, au neuvième jour, l'amélioration de sa vue fut si sensible que dès lors la guérison fut certaine.

Le Vénérable Libermann, ayant commencé l'œuvre des Noirs à Amiens, avait placé deux de ses nièces comme pensionnaires au couvent des Religieuses des Sacrés-Cœurs, dites de Louvencourt. Voyant François-Xavier faire chaque jour de nouveaux progrès dans la piété et le croyant appelé au sacerdoce, il le demanda à ses parents, lors d'un de ses voyages en Alsace. François-Xavier avait alors un peu plus de quinze ans. Il fut mis au lycée d'Amiens, pour y terminer ses études. Il allait souvent voir ses sœurs ; il ne tarda pas à leur confier qu'il se déplaisait beaucoup dans le milieu où il se trouvait. Son oncle, averti, le retira de là et lui fit donner des leçons particulières par les professeurs de N.-D. du Gard. C'est de cette époque qu'il faut faire dater son entrée au scolasticat de la Congrégation du St-Cœur de Marie.

2. — A Notre-Dame du Gard.

Son saint oncle avait, depuis plusieurs années déjà, pris la direction spirituelle de François-Xavier.

Dès l'époque de sa préparation à la première communion, au petit séminaire de Strasbourg, François recevait des lettres qui lui firent le plus grand bien. Cette correspondance continua nécessairement après le grand jour du suprême bonheur. Le pieux directeur veut que cette jeune âme appartienne toujours au Bon Jésus qui en a pris possession. Aussi demande-t-il à la fois et à l'adolescent de communier souvent pour toujours appartenir à Jésus, et au père de lui consacrer d'ores et déjà son fils. L'un et l'autre correspondaient volontiers à d'aussi saints désirs. Il arriva néanmoins que la première ferveur sensible baissa chez François, au point de lui inspirer de terribles scrupules sur la valeur de ses communions. Elles lui parurent tièdes et, par une conséquence qui passa vite aux excès, absolument sacrilèges. Le pieux directeur se hâta de dissiper des alarmes qui, si elles dénotaient la délicatesse de conscience du jeune homme, n'en eussent pas moins abouti à la fausser déplorablement.

Il dissipe ses cruelles anxiétés, en lui montrant qu'il n'a pas perdu un seul instant l'amitié du Bon Dieu : « Quelle n'est pas votre exagération en vous comparant à Judas ! Le vilain Judas a donné le baiser à son Maître, pourquoi ? Pour lui faire du mal, pour le livrer. Vous avez reçu le Sauveur pour lui plaire et pour le posséder dans votre pauvre âme.

« Judas a donné le baiser perfide, et vous, vous avez reçu le divin Jésus, plein de bons désirs. Judas a donné le baiser, le perfide baiser au Sauveur pour gagner de l'argent ; et vous, vous l'avez reçu pour vous remplir de grâces. Judas a dit au Sauveur de belles paroles, et il avait des intentions détestables ; et vous, vous avez eu des intentions excellentes et bien agréables à Jésus, et vous n'avez pu lui dire un mot. Lequel des deux vaut mieux ? Judas était préoccupé de son avarice, et vous du désir de plaire à Jésus ; seulement vous n'avez pu l'exprimer, le sentiment vous manquait ; ces désirs n'en étaient pas moins dans votre âme. Judas était indifférent pour son Sauveur, et vous, vous l'aimez tellement que la crainte de lui avoir déplu vous jette dans la désolation. Cette crainte, cette inquiétude ne peut venir que de ce que vous êtes affligé de l'avoir offensé.

« Mon cher ami, soyez tranquille, vous ne l'avez pas offensé, vous n'avez pas perdu le divin amour de Jésus. Le divin Sauveur vous aime ; ce n'est que la sensibilité ou le sentiment de l'amour qui vous manquait, mais votre âme l'aime réellement. Judas savait le mal horrible qu'il faisait, il savait la peine qu'il causait à son Sauveur, il savait qu'il le trahissait ; et vous, si vous aviez pensé qu'il y eût le moindre petit péché dans cette communion, vous n'auriez pas voulu la faire pour tout au monde.

« Eh bien ! Êtes-vous un Judas ? Non, non, mon bon ami, vous êtes un enfant bien-aimé du divin Jésus, que vous craignez d'avoir offensé. Non, non, vous ne l'avez pas offensé, la crainte même que vous éprouvez lui fait plaisir ; cependant il aime mieux vous voir dans la paix et la confiance. Vous êtes un enfant de Jésus, et un enfant bien-aimé. Ne craignez pas tant cet aimable Père ; aimez-le, soyez plein de confiance en lui, cela lui est bien agréable ; et eussiez-vous commis tous les péchés du monde, une minute d'amour les effacerait tous. Non, il n'y a pas de péchés dans votre fait. C'est un fantôme que vous voyez et qui vous fait peur. C'est une grimace que le démon vous fait ; il ne faut pas vous en effrayer : faites comme les enfants, ils ont recours à leur mère, quand quelqu'un leur fait une grimace qui les effraie. »

Ensuite vient la description de l'âme tiède. C'est un tableau peint de main de maître, auquel nous renvoyons le lecteur, qui le lira toujours avec fruit (1).

Quant au jeune François, il tira de ces premières épreuves un ardent désir d'avancer dans la vie spirituelle, et c'est pour favoriser ces heureuses dispositions que son oncle n'hésita pas à le former à la vie d'oraison. Et bien que le jeune homme n'eût encore que quinze ans, le pieux directeur sut parfaitement mettre à la portée de son âme le moyen de se sanctifier par l'exercice journalier de la sainte oraison. La méthode qu'il lui enseigne est si claire et si appropriée aux besoins des jeunes âmes que, ne pouvant la reproduire intégralement, nous voulons du moins en donner une idée.

Le Maître donne à l'oraison quatre parties, savoir : la préparation, l'adoration, la considération et les résolutions. Double préparation : la veille à l'aide d'un bon livre qui donne le sujet, le matin par le recueillement et un bon acte de contrition. L'adoration exprime à Dieu tous les hommages de l'esprit et les sentiments du cœur, que viendront encore renouveler et

______

(1) *Lettres spirituelles du Vénérable Père*, t. III, p. 474.

embraser les considérations et réflexions sur le sujet choisi, un mystère de Notre-Seigneur ou de la Sainte Vierge, ou une vertu à acquérir, un défaut à éliminer. Puis le Maître s'appesantit sur le côté pratique, et les fruits à retirer de la sainte oraison par les résolutions. « Souviens-toi, dit-il en propres termes à son cher disciple, qu'il ne faut pas dire seulement : « Je ne serai plus orgueilleux ; Je ne dirai plus de paroles à ma louange ; Je ne mettrai plus de mauvaise humeur ; Je pratiquerai la charité envers tout le monde », etc. Non, cela ne suffit point ; mais il faut aller plus loin : il faut te demander attentivement dans quelles circonstances de la journée tu courras risque de tomber dans cette faute que tu te proposes d'éviter, dans quelles circonstances tu devras pratiquer les actes de la vertu que tu veux acquérir. Par exemple, tu as médité sur l'humilité, je suppose. Eh bien ! en faisant un retour sur toi-même, tu auras remarqué que quand l'on t'interroge en classe, tu sens en toi-même un grand amour-propre, un vif désir d'être estimé : tu prendras pour résolution de te recueillir un petit instant, pour faire un acte intérieur d'humilité, par lequel tu refouleras tout sentiment de l'amour-propre... Si tu as remarqué que tu as de la répugnance pour tel ou tel, tu prendras la résolution d'aller avec lui à la prochaine récréation et de lui témoigner de l'amitié...

« Et à la fin, ne manque jamais de te recommander à la Sainte Vierge, de mettre sous sa protection tes bonnes résolutions et tout ce que tu feras dans la journée. »

De son entrée à N.-D. du Gard date, chez le jeune étudiant, un changement notable que sa sœur, dans les notes que nous avons déjà suivies, explique en ces termes :

« Il s'appliquait à tout, mais il avait les mêmes difficultés « qu'à Strasbourg : la mémoire lui faisant défaut. Sans rien dire « à personne, il fit une neuvaine à la Sainte Vierge, lui deman- « dant d'avoir pitié de lui. « Ma bonne Mère, lui disait-il, si je « suis appelé au service de votre divin Fils comme prêtre, don- « nez-m'en, je vous en conjure, un signe manifeste. Accordez- « moi la grâce de réussir dans mes études, ainsi que la mé- « moire nécessaire pour les poursuivre avec fruit. Je ne veux « me servir de ces dons, si vous me les obtenez, que pour la « gloire de mon Jésus et le salut des âmes... » Sa prière, ex- pression d'une foi vive et du plus entier dévouement et abandon aux mains de Dieu, fut entendue, et dès lors se fit en lui une transformation complète. »

Tel est le récit de la sœur. Peut-être, d'après d'autres versions, faudrait-il déplacer quelque peu le miracle de la « complète transformation ». Il ne se serait pas opéré uniquement dans la mémoire, mais il aurait bien plus agi sur l'application au travail, qui semble avoir laissé à désirer au petit séminaire de Strasbourg et même au lycée d'Amiens.

Une autre cause qui ne manqua pas d'influer sur « l'heureuse transformation », ce fut la vigilance accentuée de fermeté du supérieur de l'établissement. Des récits traditionnels nous font savoir en effet que le vénérable fondateur avait pour le cher neveu une direction où l'indulgence était loin d'excéder. Il ne fallait pas qu'on lui apportât des notes peu favorables, ou des observations de la part des professeurs. Sans tomber dans une rigueur outrée, le Vénérable Père, avec douceur et fermeté, serrait de près son François, et n'épargnait aucun de ses défauts, ce qui inspirait à l'un de ses professeurs, le P. Émonet, de leur appliquer l'exemple de la grammaire latine de Lhomond : « Le père aime ses enfants, mais il n'aime pas leurs défauts. »

Lors de la fusion, en 1848, le Vénérable Père dut quitter le Gard pour venir à Paris. François commençait alors ses cours de philosophie et de théologie. Il se livra dès lors avec ardeur à ces études, qui eurent toujours pour lui les plus grands attraits. Il paraît même que, dans sa soif de tout savoir et de s'enquérir du dernier mot des « causes suprêmes » ou des secrets de la théologie, il se permettait de harceler de questions ses professeurs, au point que là aussi il fallut en venir à imposer des limites aux trop inquiètes exubérances. Le saint oncle ne manqua pas à ce devoir. Plusieurs lettres datant de cette époque montrent avec quelle affectueuse sollicitude le directeur suivait cette âme, les sages conseils et les encouragements qu'il lui prodiguait.

« J'ai eu soin de m'enquérir, à toutes les occasions que j'ai trouvées, de différents détails qui pouvaient me mettre à même de lire dans votre âme. Il y eut un moment d'inquiétude. Mais bientôt d'autres détails me rassurèrent. Votre dernier billet m'a fait voir que la crise morale est à peu près dans tout son développement. Mais je n'ai nulle inquiétude sur le résultat de cette

explosion, dont votre esprit de foi et de confiance en Dieu
triomphera. C'est là un état d'épreuve par lequel Dieu fait passer bien des âmes qu'il veut employer à son service. Vous en
sortirez victorieux, parce que l'orage ne se concentre pas sur
l'orgueil ni sur une passion dangereuse, mais s'étend à toutes
les passions à la fois. Laissez agir le bon plaisir de Dieu. S'il
lui plaît de se servir de la tempête pour purifier votre âme,
comme il s'en sert pour purifier l'air, acceptez son bon plaisir...
Dans le fond de l'âme, Dieu vous a donné de l'aversion pour
les satisfactions et jouissances, et l'esprit de foi qui la fait
tendre à ne trouver son bonheur qu'en lui seul... Évitez les
dépits contre vous-même, cherchez à adoucir les irritations et
les aigreurs, faites en sorte que personne n'ait à en souffrir...
Soyez assuré que votre âme est en bon état au milieu de cette
bourrasque. Notre-Seigneur dort dans la pauvre nacelle. Ne
soyez pas « homme de peu de foi », comme les apôtres ; mais
ayez confiance, Jésus garde la barque, quoiqu'il ait l'air de
dormir. Il dort en vous, mais son divin cœur veille sur vous et
pour vous. Que la paix soit avec vous ! » (1) (Lettre du
16 juin 1850.)

Le divin Maître garda en effet la barque. Toutefois, d'après
une lettre du 14 octobre suivant, nous voyons qu'il y a encore
des misères ; mais il ne faut pas en être surpris ; car, dit-il,
« vous avez une nature ardente, et par conséquent passionnée
dans ses impressions. Vous êtes à l'époque de la plus violente
effervescence : il n'y a donc rien de surprenant que vous ayez
des luttes. Soyez sans inquétude, vous aurez le dessus, Jésus
vous conduit par la main ; soyez-en sûr, il saura bien vous
faire arriver sans encombre. »

Cette assurance se réalisa pleinement, et François arriva
sans encombre au but proposé, le sacerdoce et la profession
religieuse. Son saint oncle ne devait cependant pas avoir la
consolation de le voir monter au saint autel. C'est le neveu
qui, avec le Docteur, son père, est appelé à venir à Paris pour
assister aux derniers moments du Vénérable Père, et lui rendre
les derniers devoirs de la sépulture à N.-D. du Gard. Cette
mort émut profondément François-Xavier. Il lui sembla qu'un
patrimoine tout de sainteté venait de lui être dévolu au sein

____

(1) Les citations ne sont pas rigoureusement textuelles.

de sa Congrégation, sans allégement pour ses devoirs et ses responsabilités vis-à-vis de sa famille.

3. — Ordinations et profession. Premières fonctions.

Son cours de philosophie touchait à sa fin lorsqu'il reçut la tonsure à Amiens, le 25 mai 1850. Le 21 décembre de la même année, il est promu aux Ordres mineurs. Comme après la mort du Vénérable Père, 2 février 1852, les élèves en théologie de N.-D. du Gard avaient été appelés à suivre les cours du Séminaire du Saint-Esprit à Paris, le jeune Libermann prit part à l'ordination de la Trinité, 5 juin, et reçut le sous-diaconat en l'église de Saint-Sulpice. Ce mélange des scolastiques de la Congrégation avec les séminaristes du Saint-Esprit n'ayant pas donné pleine satisfaction, les premiers regagnèrent leur maison du Gard, et ce fut à Amiens que se fit l'ordination de décembre 1852, où François reçut le diaconat. Il fut admis à la profession lors de la grande cérémonie qui se fit au Gard, le jour de Pâques 1853. Il est aussitôt appelé à Paris pour y professer le dogme, n'étant pas encore prêtre. Il ne reçoit, en effet, la prêtrise qu'aux Quatre-Temps de septembre, à N.-D. du Gard. Il s'y était rendu pour prendre part à la grande retraite et aux séances de Chapitre qui la suivirent, séances importantes qui ont laissé des traces profondes dans l'histoire de l'organisation de notre Institut. Ces assises mémorables de 1853 étaient comme les adieux de la Congrégation à l'antique Abbaye. L'année suivante, 1854, la retraite générale se fit à Paris, dans les locaux de l'Impasse des Vignes. La rentrée des cours de la même année y vit arriver le noviciat. Une salle formant demi-cercle, qui avait servi d'amphithéâtre à l'École de médecine, subit une transformation assez heureuse qui en fit une chapelle, consacrée à N.-D. des Sept-Douleurs. Le noviciat n'y fut qu'une année. Dès 1855, il cède la place au scolasticat, qui quitte à son tour N.-D. du Gard, où il ne restait plus que le noviciat des Frères, lequel fut lui-même peu après transféré à Langonnet, puis à Saint-Ilan. Les supérieurs de la Congrégation durent s'imposer le déchirant sacrifice de vendre l'abbaye du Gard. Elle fut acquise, pour un orphelinat de garçons, par M. l'abbé Groval, curé de Picquigny, et son cousin, M. l'abbé de Genlis. Elle passa plus tard aux mains d'une communauté de Chartreusines, qui en furent expulsées par les déplorables lois de 1903. La belle et vaste abbaye, confisquée par l'État, a été vendue au prix dérisoire de quarante-cinq mille francs. Certaines gens ont vu là une bonne affaire. Décidés à tirer argent de tout, ils ont commencé par réaliser vingt mille francs de la vente des belles boiseries sculptées qui décoraient les salles. Nous verrons comment la Congrégation prit soin de relever du cimetière les restes de notre Vénérable Père et des confrères qui y avaient été enterrés.

A la tête du noviciat des clercs, transféré ainsi de N.-D. du Gard dans les bâtiments de l'Impasse des Vignes, fut placé le P. Frédéric Le Vavasseur comme directeur, avec le P. Libermann pour sous-directeur.

L'année suivante, le P. Libermann conduit et installe le noviciat à Monsivry, et en cède, après quelques mois, la direction au P. Burg, pour venir prendre celle du grand scolasticat à l'Impasse : il y restera neuf ans.

En cette même année (1855), du dimanche dans l'octave de l'Assomption au dimanche suivant, où nous célébrons la fête du saint Cœur de Marie, la retraite générale eut encore lieu à Paris ; cette époque pour les saints exercices entrait dans nos traditions. Le P. Libermann est au nombre des retraitants, et son nom figure parmi ceux qui eurent le bonheur de prononcer leurs vœux perpétuels. C'était, selon l'expression du R. P. Schwindenhammer, la première cérémonie d'émission des vœux canoniques de Religion, devenus, à dater de ce jour, obligatoires dans la Congrégation. Elle fut imposante, et tous ceux qui y prirent part en ont conservé une profonde impression. Comme conséquence, on substitue la dénomination de Père à celle de Monsieur, généralement usitée jusqu'alors. Le 7 décembre suivant, dans une nouvelle cérémonie bien touchante, il y eut comme une vêture générale de l'habit adopté pour le costume particulier de la Congrégation. Le Père Général le bénit, et tous en apparurent vêtus pour la fête de Marie Immaculée. Enfin, deux ans plus tard, le 2 février 1857, chaque Père reçut un nom de religion, qui fut tiré au sort. Le P. Libermann eut pour patron saint Anselme.

4. — Les doctrines romaines.

Avec la charge de sous-directeur du noviciat à la maison de l'Impasse des Vignes, le P. Libermann gardait, en 1854, la chaire de dogme au séminaire du Saint-Esprit. La chaire de morale était occupée par le P. Gaultier, celle de droit canon et de liturgie par le P. Léon Le Vavasseur ; l'éloquence sacrée était enseignée par le P. Delaplace, l'histoire ecclésiastique et l'écriture sainte par M. Sisson, la philosophie par un étranger, M. Guinot. Le P. Guilmin était économe. L'harmonie ne régnait guère entre les idées de M. Sisson, semi-gallican, rédacteur du journal ondoyant l'*Ami de la Religion,* et des esprits tout d'une pièce, romains avant tout, tels qu'étaient le P. Gaultier, le T. R. P. Schwindenhammer, les deux Le Vavasseur et le P. Libermann lui-même. Aussi M. Sisson, qui, du reste, n'avait pas fait de vœux, se retira-t-il cette même année ; il prit, peu après, la direction du journal l'*Ami de la Religion.*

Il est bon de rappeler ici que le séminaire du Saint-Esprit était, à cette époque, le centre qui ralliait, autour du P. Gaultier, les régénérateurs de l'esprit romain en France. C'étaient le cardinal Gousset, Mgr Gerbet, Mgr Parisis, Mgr Pie, Mgr Sergent, Mgr de Ségur, Mgr Gaume, Dom Guéranger et Dom Pitra, Louis et Eugène Veuillot, du Lac, Bouix, Jacques Lecoffre, etc. Déjà, dès sa fondation, la Société du Saint-Esprit était apparue comme un foyer des plus pures doctrines romaines. C'est là ce qui porta le cardinal de Bissy à lui confier la direction de son séminaire de Meaux. La fusion de la Société du Saint-Esprit avec la Congrégation du Saint-Cœur de Marie, loin de porter atteinte à cette réputation d'orthodoxie doctrinale, n'avait fait que lui donner un nouveau lustre par l'adjonction de lumières telles que les apportaient et le Vénérable Père, et les PP. Schwindenhammer, Lannurien, Léon Le Vavasseur et Xavier Libermann lui-même. Et c'est ce qui pesa d'un grand poids, en 1855, dans le choix qui fut fait de la Congrégation pour la direction du Séminaire français à Rome.

Au milieu de cette pléiade d'esprits ultramontains, le P. Xavier Libermann eut sa place si bien marquée que ce nom de « Faculté de l'Impasse », donné en plaisantant par le P. Gaultier, lui resta. L'intervalle de dix ans que le P. Libermann y demeura à la tête du scolasticat fut coupé par un séjour d'un an qu'il alla passer à Rome, au Séminaire français, pour y préparer ses grades en théologie, tout en participant à la direction de la maison.

Après une préparation de huit mois, muni d'une dispense de Pie IX, il se présente devant le jury de la Propagande que préside le Cardinal Préfet en personne. L'examen oral ne dura pas moins de deux heures et lui valut les éloges unanimes des examinateurs. Son Éminence en informa le Souverain Pontife, qui lui dit sur un aimable ton de reproche : « Quoi ! vous l'avez gardé deux heures ? C'est une demi-heure de trop. — Pardon, Très Saint-Père, reprit le Cardinal, c'est un Français, c'est un

Le P. F.-X. Libermann,
à l'âge de 30 ans.

Français ! » Le nouveau lauréat fut aussitôt rappelé en France, et reprit ses fonctions de directeur du grand scolasticat à l'Impasse des Vignes.

5. — Travaux surérogatoires.

Le T. R. P. Ignace Schwindenhammer n'était pas seulement par lui-même un infatigable travailleur, il entendait bien aussi avoir à ses côtés d'actifs collaborateurs : il se chargeait de leur tailler la besogne. Il utilisait les uns aux recherches, les autres à la rédaction de ses diverses circulaires, ou à la préparation des Constitutions ; il envoyait ceux-ci aux Archives nationales, prendre copie des documents confisqués par la Révolution aux propres archives du Saint-Esprit ; aux Archives de la Marine, relever tout ce qui a trait à l'histoire religieuse de l'Afrique occidentale dans les siècles passés ; il employait ceux-là à des travaux historiques, dont le plus remarquable est sans contredit le monument digne du plus actif Bénédictin, laissé par son frère, le P. Jérôme Schwindenhammer, sous ce titre : *Annales administratives de la Congrégation du Saint-Esprit.* Et puisque

nous touchons à ce sujet, il convient de consigner ici le nom
des autres *collaborateurs*, du moins des principaux d'entre eux.
Citons les PP. Delaplace, Barillec, Jouan, Eschbach, et l'auteur
de cette notice, parmi ceux qui vivent encore ; Mgr Riehl, les
PP. Moyon, Hubert, Paulus, Libermann, parmi ceux qui ne
sont plus. La part de ce dernier a été considérable, ainsi que
l'attestent ses cahiers conservés aux archives, et qui ont été
d'un secours si utile au P. Jérôme dans ses travaux.

Ces travaux particuliers que le P. Schwindenhammer con-
fiait aux soins du P. Libermann étaient parfois de ceux qui
souriaient peu ou prou à ce dernier, tantôt par défaut de goût
et d'attrait, tantôt parce qu'il se croyait dénué des aptitudes
spéciales que ces travaux réclamaient. Il devait en résulter des
occasions de sacrifices souvent renouvelés. Le P. Libermann
s'est montré, moins par disposition de nature que par abnégation surnaturelle, à la hauteur de ces sacrifices. Lisons cette
lettre, datée de 1862 :

« Mon Très Révérend Père, je vous aime et vénère à trop de
titres, et comme supérieur, et comme bienfaiteur, et comme
un véritable trésor pour la Congrégation, pour hésiter à me
mettre tout entier à votre disposition. Vous voulez bien consi-
dérer, comme un indice certain de la sincérité de mon attache-
ment et de mon dévouement à votre égard et à l'égard de la
Congrégation, la disposition dans laquelle je serais de prendre
une part plus active au travail de règlement et d'organisation
que vous avez entrepris avec tant de zèle et d'abnégation. Eh
bien ! mon Très Révérend Père, puisque telle est votre pensée,
telle est et sera toujours ma volonté..... » Et il demandait alors
le concours d'un rédacteur armé d'une bonne plume, à qui il
tracerait le travail à libeller en dernière main. Il ajoute une
remarque qui le dépeint au vif, et tel qu'il a été toute la vie :
« Vous savez combien je me plie difficilement à une direction, et combien, au contraire, je réussis à la donner. »

Quelques aspérités se firent-elles sentir, en dépit de ces excellentes dispositions ? N'étaient-elles pas plutôt inévitables ? En
tout cas il y fut mis bon ordre. Et voici des dispositions nouvelles que le P. Libermann exprimait deux ans plus tard, le
7 mars 1864, à la veille du passage du scolasticat de l'Impasse
des Vignes au St-Cœur de Marie de Chevilly.

« Je suis résolu et décidé à me mettre entièrement à votre disposition, ainsi que m'en sollicitent la raison et la foi. Je veux me dévouer sérieusement et sincèrement au bien de la Congrégation, et je me dis : Mon dévouement serait-il réellement sérieux, si je ne le mettais tout d'abord au service du chef de la Congrégation ? Le premier de mes devoirs n'est-il pas de l'assister dans toute la mesure de mes forces et de mes moyens ? Ne serait-il pas déraisonnable de vouloir me dévouer comme je l'entends, et à ma façon ? Et si mes supérieurs se trompent en appliquant mes forces à des travaux que j'entrevois d'une utilité moindre que ceux que je conçois moi-même, n'est-ce pas leur affaire plus que la mienne ? N'est-ce pas à eux d'en répondre devant Dieu ? Qu'importe au bout du compte que l'on fasse une chose ou une autre ! Les œuvres des hommes ont si peu de valeur, qu'il est puéril de se chagriner lorsqu'on se voit contrarié dans ses plans. Je veux donc faire ce que vous voudrez, et comme vous le voudrez. Je compte seulement que la connaissance que vous avez de ma faiblesse vous dictera les sentiments de condescendance que vous savez nécessaires... »

6. — Ses goûts pour la médecine.

Les travaux qui eussent beaucoup mieux répondu aux attraits du P. Libermann ne furent pourtant pas négligés. Quelques notions médicales, des leçons pratiques de « petite chirurgie », voilà ce qu'il ambitionnait, et voilà de fait des connaissances qui lui furent partout d'une réelle utilité. Il écrivait au Très Révérend Père, avant de quitter Paris pour Chevilly, de lui permettre d'utiliser ses derniers jours dans la capitale à s'exercer dans les cliniques du voisinage. C'était, selon lui, tirer un profit sans égal des circonstances tout à fait exceptionnelles dans lesquelles il se trouvait en ce moment. « M. Velpeau, que j'ai vu ce matin, a été très bon, et m'a confié à l'un de ses meilleurs élèves qu'il a chargé de me guider dans tous les pansements que je voudrais exécuter... »

Dans une autre lettre il écrivait :

« J'ai trouvé un dentiste complaisant qui veut bien, *gratis et pro Deo*, m'initier à tous les mystères de son art. M. Grimotel, de son côté, s'est offert avec empressement pour me former à

tous les pansements et à toutes les opérations de petite chirurgie. Cela me permettra, avec les connaissances théoriques et
pratiques que je possède déjà, de former quelques bons infirmiers pour nos Missions, dans le personnel de nos scolastiques
et de nos novices, et surtout dans celui des Frères. Il faudrait
demander pour moi à la Propagande, pour me faciliter l'exercice de mes fonctions, le pouvoir d'exercer la médecine, avec la
clause expresse *cum adhibitione incisionis et adustionis*, que l'on
exclut ordinairement. Le P. Freyd pourrait obtenir sans peine
cette dispense... »

De fait, ces connaissances pratiques lui furent des plus utiles.
Il ne les exerça pas seulement à Chevilly pour la formation des
infirmiers ; mais, infirmier lui-même avant tout, il fut partout,
auprès des plus malheureux, le bon samaritain répandant
l'huile qui adoucit les souffrances, le vin qui rend les forces,
unis toujours aux consolations qui réconfortent les âmes. Qui
ne l'a vu avec édification, frictionnant les petits galeux, épilant
les teigneux, pansant toutes les plaies, soignant toutes les fièvres, à l'orphelinat de Mesnières, aux pénitenciers de St-Ilan et
de Langonnet, dans les régions paludiques de Bretagne ? Nommé, après la guerre, supérieur de nos communautés de Langonnet, il eut l'idée de se faire autoriser officiellement à exercer
la médecine dans la région, où tant de malades pauvres souf-
fraient alors de l'absence du médecin et du pharmacien.

Sa lettre de demande au ministre est de 1872.

« L'Institution de Langonnet est située dans la vallée de
l'Ellé, à 48 kilomètres de Pontivy, 32 de Quimperlé, 28 de Gué-
méné et autant de Rostrenen, qui sont les centres les plus rap-
prochés et les seuls en possession d'un médecin. Dans une
localité à 20 kilomètres de distance, et dans une autre éloignée
de 16 kilomètres, on trouve un officier de santé, comme unique
ressource médicale, et point de pharmacie. La population en-
vironnant l'établissement est très pauvre et dans l'impuissance
de payer les voyages du médecin. Cependant elle est décimée
par des affections de toute nature, en particulier par les fièvres
paludéennes.

« C'est la condition malheureuse de ces populations, ce sont
aussi les connaissances médicales que vingt ans d'études théoriques et pratiques m'ont procurées, qui m'ont porté à me dé-

vouer à leur service. Je ne demande, pour ces secours absolument gratuits, qu'une faveur, un titre qui me couvre devant la loi et me mette à l'abri de toute vexation, le titre d'officier de santé, par exemple, ou tout autre que je puisse présenter en cas de difficultés...

« J'ose espérer cette haute faveur d'un ministre qui a tant fait déjà pour le soulagement de la classe pauvre et laborieuse.

« F.-X. LIBERMANN. »

Ce ministre qui a tant fait pour la classe pauvre et laborieuse nous paraît être M. Jules Simon. Hélas ! on ne voit pas que la pétition ait obtenu son effet.

Mais on voit bien, par exemple, que le P. Libermann a continué ses soins dévoués et gratuits aux pauvres fiévreux de ces foyers de paludisme. Il y avait pour lui dans ce ministère un patrimoine sacré que lui avait légué son digne père, le docteur Libermann, qui avait consacré les dernières années de son existence à ces charitables offices.

Si la digression a paru longue, qui nous a montré un P. Libermann infirmier et quelque peu médecin et chirurgien dentiste, elle n'a pas été hors de propos, en ce sens qu'elle nous a fait mieux connaître l'un des caractères saillants de sa personne, l'une des formes de son dévouement.

7. — Chevilly.

Il nous faut, maintenant, revenir sur nos pas, et rejoindre le cher Père au point où nous l'avons laissé, à l'époque où il présida au transfert du grand scolasticat de Paris à Chevilly. Le travail de préparation des locaux de Chevilly, de déménagement et d'installation nouvelle, s'opéra tout entier par les Frères et les scolastiques eux-mêmes, sous la direction du P. Libermann et du P. Riehl, sous-directeur du scolasticat. Tout le monde s'y mit avec le plus généreux entrain, et tout se fit sans encombre, jusqu'à l'installation des appareils si complets d'hydrothérapie qui fut le travail spécial du P. Libermann. On était aux vacances de Pâques 1864 : les Novices occupaient déjà « le château » depuis le 2 février, date mémorable de la prise de possession et de la bénédiction solennelle des bâtiments et de la propriété. Des seize novices de cette année-là, deux survivent, les PP. Babet et Guérin ; des 64 scolastiques, une dizaine pourraient encore répondre à l'appel.

Ces travaux de création d'un nouvel établissement, avec revision de tous les règlements et coutumiers, et le titre de vice-supérieur, de la communauté, vinrent se joindre à tous ceux dont il était déjà surchargé. De plus, il dut partager tous les cours du scolasticat avec le P. Riehl. Le P. Émonet vint, il est vrai, après les vacances de 1864 leur prêter un concours effectif ; mais c'était pour permettre au P. Libermann de se charger des cours de théologie mystique et de diaconales au noviciat. Il ne demandait, pour l'aider et diriger en ses nouvelles études, que quelques bons traités sur le sujet. « Car il n'est rien, disait-il, qui démonte davantage que de se sentir les vivres coupés et les sources faisant défaut. Pour un homme qui ne peut disposer que de rares moments, il est plus indispensable encore d'avoir sous la main tout ce qui peut le seconder. » (Lett. de fév. 1864.)

Mais on se demandera toujours comment le cher Père pouvait répondre à d'aussi multiples occupations. Il nous a laissé différents spécimens de son règlement particulier. En voici un qui date de Chevilly. Lever, quelques minutes avant quatre heures (Remarquons que l'élasticité de ces *quelques* minutes pouvait s'étendre jusqu'à 20, 30 et 40 voire 50, sans mentir au règlement) ; 4 heures, petites heures, lecture de l'Écriture sainte, lecture spirituelle ; 5 heures, sainte messe ; 5 heures et demie, oraison avec les scolastiques, confessions ; 6 heures, visite aux diverses infirmeries ; puis directions, jusqu'au déjeuner qu'il prenait à 7 heures et demie avec les scolastiques. Il mangeait, du reste, toujours avec eux et comme eux, rien de plus et souvent moins, tant, disait-il, parce que cela lui suffisait que pour donner à tous l'exemple qui appuie souverainement la parole. A 8 heures, il recevait tous ceux qui avaient à lui parler, et avant tout son sous-directeur ; les auxiliaires, les scolastiques, les Frères. Venaient ensuite les classes ; puis il reprenait les soins aux malades et les directions, qu'il avait tant à cœur.

Il prenait toujours sa récréation avec les Scolastiques, au moins pour la première moitié. L'après-midi se passait comme la matinée avec ses successions de classes, de directions, de règlements d'affaires ; à tous ses moments libres et surtout le soir, il se livrait aux travaux que lui avait confiés le Très Révérend Père. Le coucher devait se faire à 10 heures. On lui avait encore imposé des confessions des Sœurs de St-Joseph, dans les environs et à Paris. Nommé dès 1856 membre du Conseil général de la Congrégation, il avait à se rendre régulièrement à la Maison-Mère pour les réunions, et de plus s'entendre avec le T. R. P. Schwindenhammer pour les travaux à exécuter. Tout cela justifie bien le mot souvent répété : « Le P. Libermann est un fakir du travail. »

Avec cela il était d'une austérité poussée jusqu'à l'excès, non seulement dans sa nourriture, mais encore dans son vêtement. Jamais de manteau ni de houppelande en hiver, par les froids les plus rigoureux, jamais de barrette, souliers grossiers et informes, provenant de la pacotille achetée dans les rebuts des soldats, après la guerre de Crimée. Et en récréation avec les scolastiques, toujours de bonne humeur, le premier à rire et à égayer la conversation, comme à s'en égayer. Les scolastiques le traitaient avec la plus grande simplicité. Il faut bien aussi avouer que, s'il était dur pour lui-même, il était parfois impitoyable pour les délinquants, au moins en sa première manière, celle de l'époque dont nous nous souvenons personnellement. Il paraît qu'il la modifia sensiblement plus tard. Mais, par exemple, en quoi il n'admit jamais de modification, c'est dans l'emploi de son temps. Il ne connaissait pas de supplice comparable à celui de la perte d'une simple minute. On s'apercevait, à ses trépignements impatients, qu'il était temps de cesser l'entretien. Les visiteurs n'avaient alors qu'à se replier en bon ordre : c'est ce qu'avait fort bien remarqué le digne curé de Chevilly, M. le chanoine Salmon. L'intimité de ses rapports avec la Communauté l'y amenait souvent. « Mais, disait-il, j'ai appris par expérience que mes visites au P. Libermann ne devaient pas se prolonger. Figurez-vous qu'il prend sa plume, la tourne et retourne, puis la plonge dans l'encrier ; on s'aperçoit qu'en même temps les pieds s'agitent ; puis il dit : « Allons ! oui, c'est ça ! » Et si l'on n'a pas compris, la plume se replonge, et plus vivement, dans l'encrier... Pour moi je n'attends pas que la série des signes s'épuise, je me lève, je pars et je sens que j'ai débarrassé quelqu'un. »

Nous pouvons aussi attester que le geste de tremper la

plume avait une autre signification, laquelle pouvait bien
échapper à la perspicacité du digne chanoine Salmon. Nous la
saisissons mieux, nous à qui il lui plaisait de révéler ses
industries. Le bon Père Directeur nous recommandait d'atta-
cher à ce mouvement la signification que lui-même y mettait.
Il était convenu avec Dieu que chaque coup de plume dans
l'encrier devait renouveler la direction de son intention vers
lui, et appeler sa bénédiction sur son travail. L'attention natu-
relle aux actions pour les bien accomplir se doit doubler de
l'intention surnaturelle à les faire pour la gloire de Dieu et
selon sa volonté. Ces conseils qu'il donnait aux scolastiques, le
P. Libermann les a le premier mis en pratique, par les vues
surnaturelles dont il sut toujours animer ses actions.

Aux premières vacances des scolastiques au St-Cœur de
Marie remonte la tradition du grand pèlerinage de N.-D. de
Bonne-Garde à Longpont, au diocèse de Versailles, à quatre
lieues de Chevilly. En bons et pieux pèlerins, on était heureux
de faire à pied ce long trajet, de retremper la dévotion à Marie
dans son sanctuaire, à la messe, à la sainte communion, et de
vénérer les saintes reliques dont Longpont possède un très
riche trésor. Est-il besoin d'ajouter que dans la marche, aussi
bien que dans l'accomplissement des actes de dévotion, le
P. Libermann tenait à se trouver à la tête de son vaillant bataillon ? Un autre pèlerinage qui se fit avec communion générale le jour même où le scolasticat quitta Paris pour Chevilly,
fut celui de N.-D. des Victoires. Le P. Libermann avait à cœur
de mettre sous la protection du St-Cœur de Marie en son sanctuaire vénéré, qui avait été la source de tant de grâces pour la
Congrégation, le transfert et la vie nouvelle de l'œuvre importante confiée à sa direction. Ce pèlerinage aussi devait
se continuer et se renouveler fréquemment dans le cours de
l'année, aux jours des plus pressants besoins, *in necessitatibus
nostris.*

8. — Le maître des Novices.

Le 8 septembre 1865, le P. Libermann est nommé directeur
des novices, à la place du P. Burg, placé à la tête de la
nouvelle vice-province d'Allemagne. Les scolastiques l'ayant
pressé de leur adresser quelques paroles d'adieux à son dé-

part, il dut s'exécuter, et le fit sans frais exagérés d'éloquence.
« Il commence par constater que son éloignement n'en est pas
un, puisqu'il ne s'agit que de quelques mois dans le temps, de
quelques pas dans l'espace. Puis il leur donne à tous rendez-
vous au Noviciat, où il amène avec lui les plus avancés dans
leurs études, les théologiens qui viennent de finir leur troisième année. Il ajoute qu'à ces changements de supérieurs et
de directeurs, de communautés et de missions, ils doivent se
préparer eux-mêmes ; car il est assez probable qu'ils les subi-
ront assez fréquemment dans le cours de leur vie religieuse
et apostolique : en cela et en toutes choses, accoutumons-
nous à ne voir que la sainte volonté du bon Dieu. »

Et dès le lendemain 17 septembre, qui était la fête de
Notre-Dame des Sept-Douleurs, le P. Libermann inaugurait
ses nouvelles fonctions en prêchant la retraite d'ouverture du
Noviciat.

Dieu lui avait accordé, cette même année 1865, une bien
douce consolation, la translation à Chevilly des restes vénérés
de son oncle, notre Vénérable Père Fondateur, qui avaient
reposé jusque-là dans le caveau de Notre-Dame du Gard. Quand
il fallut quitter l'antique abbaye, on eut bien le dessein de ne
pas y laisser ce précieux trésor ; et lors de la prise de possession de la nouvelle Communauté du Saint-Cœur de Marie à
Chevilly, le P. Le Vavasseur, en son discours d'inauguration,
annonça que ce nouveau centre de la Congrégation allait bientôt posséder, avec l'esprit du Vénérable Père qui devait toujours animer ses enfants, ses restes mortels que nous pourrions
entourer à loisir de notre plus pieuse vénération. Le Père Pro-
vincial se rendit donc au Gard le 26 juillet 1855, et avec lui le
P. Barillec, le F. Jean, qui jadis avait scellé la pierre du tombeau, et M. Eugène Schwindenhammer, qui s'était chargé avec
bonheur du soin de ranger en bon ordre les *ossa et cineres*. Le
28 au matin, arrive à Chevilly le précieux dépôt, et c'est le
P. Libermann qui va le recevoir et l'introduire en la chapelle
disposée dans l'ancienne orangerie. Après une absoute solennelle donnée par le T. R. Père Général, tous les enfants du
Vénérable Fondateur, Pères, Frères, Novices et Scolastiques,
tiennent à porter tour à tour, comme en un cortège de piété
familiale, leur père bien-aimé. Le convoi traverse les grandes
allées au chant des psaumes et se dirige vers le tombeau pro-

visoire préparé dans l'un des chalets au fond de la propriété. Tombeau provisoire : en effet, aux premières menaces de l'invasion allemande, le trésor le plus précieux à mettre en bonne garde était sans contredit le corps du Vénérable Père. Une fosse profonde, creusée au centre de la ferme, le reçut, et le saint Cœur de notre bonne Mère le préserva.

Après la double tourmente de la guerre et de la Commune, on put reprendre possession de Chevilly, et toujours par les soins de M. Eugène, fut érigé le gracieux monument gothique qui domine le pieux ossuaire où sont réunis autour des restes mortels du Vénérable Père ceux d'un grand nombre de ses enfants.

9. — La guerre. — Langonnet.

Les mêmes troubles politiques avaient obligé, dès la fin d'août 1870, novices et scolastiques à se disperser. Ceux des premiers que l'on put grouper au milieu des mouvements militaires se retirèrent à Saint-Ilan sous la direction du P. Grizard. Avec lui ils purent rentrer à Chevilly le 25 juillet pour finir ou continuer leur année de noviciat et faire leur profession à la date du 30 septembre 1871. Quant aux scolastiques, l'état de ruine où se trouvaient les bâtiments de Chevilly ne permettait pas de les y recevoir. Dès le rétablissement de l'ordre, ils furent tous réunis à Langonnet, sous la direction du P. Libermann, nommé peu après supérieur de tout l'établissement, avec ses différentes branches, grand scolasticat et petit scolasticat, collège, grand et petit noviciat des Frères, pénitencier de Saint-Michel. La multiplicité de ses fonctions ne l'empêchait pas de trouver encore le temps de faire les fonctions de charitable samaritain auprès des malades abandonnés des environs, comme nous l'avons déjà expliqué.

Pendant les huit années que dura sa première charge de supérieur à Notre-Dame de Langonnet, la Communauté reçut d'importantes transformations. Les voici telles que les énumère une note du P. Édouard Pallier.

« On doit au P. Libermann : 1° la transformation en une chapelle, qui a été dédiée à saint Joseph et sert d'oratoire aux Frères, de l'ancienne salle du Chapitre des moines, véritable bijou d'architecture du xiiie siècle, devenue cave ou magasin

au temps du haras, puis cuisine aux premiers débuts des nouveaux occupants ; 2° l'érection de la magnifique et monumen-
tale grotte de Notre-Dame de Lourdes à l'entrée du parc ; 3° le
chemin de croix stationné dans les lacets sous bois qui abou-
tissent au cimetière ; 4° dans le même parc, l'oratoire du Sacré-
Cœur et la chapelle de Notre-Dame de Lorette, construite sur
les plans de la sainte maison de Nazareth ; 5° la belle statue de

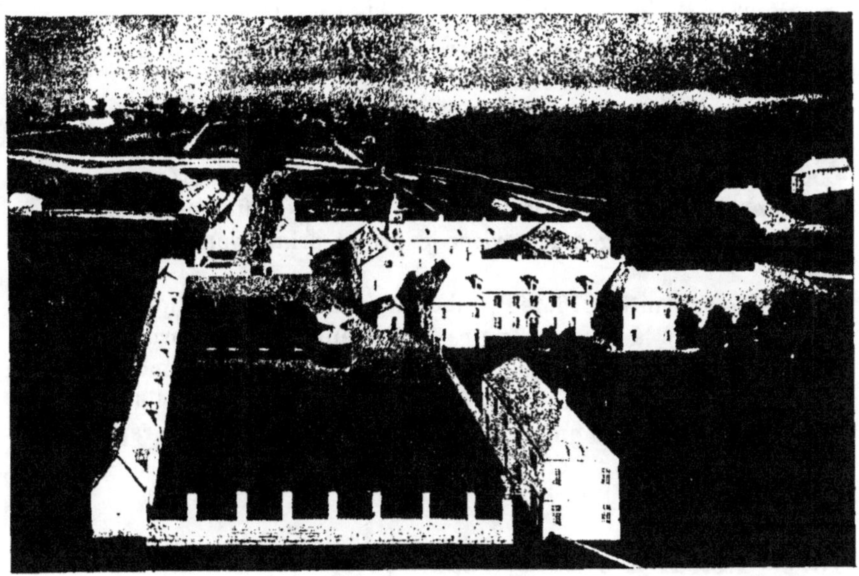

Notre-Dame de Langonnet.

la Sainte Vierge, érigée dans la cour intérieure ; 6° ses démarches à Rome obtinrent d'abord de précieuses indulgences en
faveur des pèlerins qui visiteraient la Grotte de Lourdes, puis
des reliques de saints, entre autres un corps saint extrait des
catacombes, le jeune martyr saint Octave. 7° La Communauté
lui doit aussi — car il la prépara par son initiative et ses démarches — l'une des plus belles fêtes qu'ait vues l'abbaye de
Saint-Bernard et du roi Conan : nous voulons parler de la
translation solennelle d'une partie des reliques de saint Mau-
rice, son premier abbé. »
C'est lui encore, mais à son second séjour, qui transforma en

étages, par le système des mansardes, les trois corps de bâtiment de l'abbaye. Aujourd'hui ce travail est plus apprécié que jamais ; car, après avoir préparé des cellules aux grands scolastiques, il les a laissées toutes prêtes à recevoir les nombreux Pères et Frères qui vont prendre leur retraite à Notre-Dame de Langonnet.

Notons encore les travaux de canalisation de l'Ellé sur un espace de 500 mètres, ce qui doubla la force de la chute d'eau du moulin ; un pont en pierres jeté sur le bras de la rivière qui traverse le jardin ; un pied-à-terre créé à Quimperlé, à la descente du chemin de fer, etc., etc.

En août 1875, se tint le premier Chapitre général de la Congrégation, dans le but d'examiner et arrêter le texte des Constitutions. Le P. Libermann avait donné à leur préparation une certaine collaboration. Au Chapitre il fit partie de la Commission chargée de reviser le projet primitivement élaboré.

L'année suivante 1876, le P. Libermann eut la consolation de voir introduire la cause de notre Fondateur, à qui désormais l'Église permettait de donner le titre de *Vénérable*. La déposition du cher Père dans le procès de Paris est naturellement l'une des plus importantes que le tribunal ait entendues, et le rapporteur de la cause à Rome se plaît à y faire de nombreux emprunts.

10. — Retour à Chevilly. Saint-Joseph de Mesnières:

Cependant, après de longues hésitations, l'on crut devoir rappeler les grands scolastiques à Chevilly. La translation se fit en septembre 1879.

Le P. Libermann dut rentrer avec ses élèves, au nombre de 130, et fut alors nommé supérieur de la Communauté du Saint-Cœur de Marie. La Providence lui ménageait ici de rudes épreuves.

Les plus sensibles lui vinrent de certaines divergences d'idées avec son Supérieur général, dans l'administration des affaires et la direction des sujets. Hâtons-nous d'ajouter que jamais ne s'en trouvèrent altérés les sentiments de respect et de déférence que professa toute sa vie le P. Libermann envers le T. R. P. Schwindenhammer. Les

lettres que le premier écrit à cette époque sont pleines des
témoignages de la reconnaissance qu'il garde envers le second.
On ne peut dire toutefois qu'une certaine nervosité fut toujours tenue à l'écart des débats. Il parut bon, d'un commun
accord du reste, que l'action du P. Libermann se portât sur
des œuvres d'un contact moins immédiat. Précisément à cette
époque, 1880, un établissement de grande importance dont la
Congrégation venait d'entreprendre la direction, à Mesnières-
en-Bray, au diocèse de Rouen, sentait le besoin d'une impul-

Chevilly.

sion vigoureuse : le T. R. Père fit appel au dévouement du
P. Libermann, qui accepta sans hésiter.

En 1878, l'établissement de Mesnières est remis à la Congrégation avec la direction de sa double œuvre, un collège jouis-
sant d'un certain renom et de la confiance des familles, et un
orphelinat agricole et industriel. Durant les deux premières
années, la maison ne marcha pas sans difficultés. On venait
pourtant d'y ajouter une troisième œuvre qui n'était certes pas
la moins importante, un petit scolasticat ayant pour noyau les
latinistes de l'orphelinat des Alsaciens-Lorrains, établi à Che-

villy après la guerre par le P. Bertsch. Les orphelins de cette
œuvre, ainsi que ceux de l'œuvre similaire du P. Besserat à
l'Impasse des Vignes fusionnaient avec l'orphelinat de Mesnières. Il importait d'imprimer à l'ensemble de la Communauté et
à chacune de ses branches un mouvement décisif de progrès
avec les développements qu'elles appelaient. Le moteur qui
avait fait marcher d'un essor aussi rapide qu'assuré la maison
et les œuvres de Langonnet parut providentiellement préparé
pour procurer à Saint-Joseph de Mesnières les mêmes bienfaits.
Le P. Libermann y arriva vers la fin de septembre 1880, et
commença une série de travaux importants :

1° C'est d'abord la fondation du pensionnat primaire qui
deviendra vite florissant, au point de compter jusqu'à 250 élèves, et d'obliger à construire les vastes bâtiments qui enca-
drent l'ancien manoir du côté du couchant.

2° C'est ensuite l'installation d'un service des eaux perfectionné et comprenant : un bélier hydraulique d'un débit de
84,000 litres par 24 heures ; un château d'eau bien cimenté,
d'une contenance de 420 mètres cubes , dominant tous les bâtiments; un système de canalisation avec bouches d'accès,
distribuant les eaux dans tous les services, cuisine et buan-
derie, cave et réfectoire, douches et salles de bains, ferme et
jardin, jusqu'aux chambres les plus élevées du château, enfin
passant aux cabinets qu'il nettoie avec le système hygiénique
du tout à l'égout.

A côté de cette utile installation, en figure une autre qui ne
l'est pas moins C'est un grand appareil perfectionné de lessi-
vage et séchage rapide et économique.

Puis est venu le téléphone, qui met en communication les
différents locaux et services nécessairement épars sur d'aussi
vastes espaces. Plus tard, sous le P. Gaschy, devait venir
l'éclairage électrique.

3° Le chemin de fer de Paris à Dieppe n'avait donné à Mesnières qu'une simple halte. Il fallait aller prendre et porter les
marchandises à d'autres gares situées à des distances de cinq
et six kilomètres. A force de démarches, le P. Libermann
obtint de la Compagnie, pour l'usage spécial de la Communauté, une gare de petite vitesse.

4° La construction la plus remarquable fut celle d'une communauté à part et complète pour les Sœurs de St-Joseph, avec

entrée, parloir, accès séparé, les services de l'infirmerie et de la pharmacie, la lingerie et la sacristie, enfin une chapelle particulière pour leur usage. Dans leurs dépendances étaient également le dortoir, les classes, les cours de récréation des petits enfants dont le bas âge requérait encore des soins maternels.

5° En même temps, les cultures recevaient des développements par l'acquisition de terres adjacentes, l'extension des herbages qui permettait l'augmentation des troupeaux et partant de la production des beurres et fromages, enfin la plantation des pommiers.

6° Des agrandissements notables étaient ajoutés aux ateliers, et des ateliers nouveaux, tels que ceux d'horlogerie, de mécanique et d'ajustage, de typographie et de reliure, venaient rivaliser avec les anciens, entre lesquels la sculpture continuait à jeter son éclat traditionnel. Ces ateliers étaient contigus au moulin, afin de profiter de la force hydraulique développée par la grande roue et plus tard par les turbines.

7° Le culte divin se trouvait rehaussé par l'adoption du chant de Reims et l'acquisition d'un orgue splendide qui fut inauguré le 6 février 1890 par le T. R. P. Émonet, Supérieur Général. Pour permettre aux Sœurs de venir assister aux offices de la grande chapelle, une baie leur avait été ouverte, du côté de l'évangile, communiquant avec leur communauté.

Il est juste de rappeler ici que pour les améliorations diverses, le P. Libermann, comme son successeur, le P. Reignat, et plus tard le P. Gaschy, trouvèrent une généreuse collaboration en la personne du capitaine Sentupéry, l'hôte de Mesnières, devenu maire de la localité, en tout temps bienfaiteur insigne et de la commune et de l'institution.

Dans la marche d'un établissement si vaste et si complexe, devaient nécessairement se produire des accidents regrettables, que le chrétien nomme à bon droit des épreuves, et dont la responsabilité légale remonte à la Direction, quelque étrangère que celle-ci ait pu être aux causes du mal, et quelqu'ait pu être son impuissance à les prévenir. Mesnières et ses Directeurs n'ont pas échappé à pareilles lois et à leurs conséquences. C'est une épidémie de fièvre typhoïde qui oblige à un licenciement partiel. Ce sont d'autres maladies qui viennent fondre sur la maison : rougeole, scarlatine, grippe, fièvres, dont l'une faillit emporter le Père Supérieur lui-même, tant son dévouement personnel aux soins des malades lui occasionnait de fatigues. C'est en juin 1892 qu'il contracta une fièvre qui, après avoir causé de vives inquiétudes à tout le monde, finit par céder à la vigueur de tempérament du cher patient.

Après tant de précautions hygiéniques prises dans l'établissement, où trouver une explication à ces épidémies successives ? Le P. Libermann voulut en avoir le cœur net et fit procéder à un examen hygiénique des locaux. Le général Libermann, son frère, conduisit à Mesnières l'un de ses amis, l'éminent Dr Arnould, médecin inspecteur du corps d'armée du Nord, qui voulut bien procéder à une inspection générale et détaillée. Et voici ses conclusions : « Je pouvais ne rien dire, ou me contenter de peu de paroles ; mais c'est un soulagement pour moi, mon Père, de vous manifester toute mon admiration. »

Le P. F.-X. LIBERMANN, à 50 ans.

Tout était donc irréprochable.

Une des plus grandes sources d'ennuis pour le P. Libermann fut le recrutement d'un personnel dirigeant et enseignant, tel que le réclamaient les diverses œuvres. Ne voulant demander à la Congrégation que le moins de monde possible, il s'adressa un peu trop au dehors. Ces professeurs de rencontre ne lui donnèrent pas en général satisfaction et lui créèrent même d'amers déboires. Plusieurs d'entre eux, d'autant plus mécontents d'avoir été évincés qu'ils avaient davantage mérité de l'être, allèrent décharger leurs rancunes dans les mauvais journaux, et exercer leurs vengeances suivant des procédés que la Direction de Mesnières eut à mettre au point à différentes reprises.

Le P. Libermann avait fait de Mesnières une maison éminemment hospitalière. Aussi, l'un de ses confrères lui avait-il proposé, un jour, d'insérer au frontispice du vieux manoir, ce distique :

Ne timeas intrare domum, peregrine viator :
Hospes erat qui te suscipit ipse Deus.

Et ce n'étaient pas les seuls pauvres voyageurs, les besoi-
gneux de toute sorte, la catégorie plus intéressante des
pauvres honteux qui trouvaient assistance et réconfort; les
missionnaires malades et fatigués, rentrés en France pour

Mesnières.

recouvrer les forces nécessaires à de nouveaux travaux
apostoliques; les scolastiques de Chevilly, en la période
de repos et de changement d'air des vacances; les clercs de
Saint-Joseph de Beauvais, aux jours de leurs grandes promenades; par-dessus tout, les anciens élèves de la maison
rencontraient, et dans les lieux si beaux et dans les cœurs si
bons, le plus empressé, le plus généreux, le plus inoubliable
accueil.

Tous ces progrès matériels, tous les succès scolaires, tous
les bienfaits répandus si libéralement eussent semblé bien
insuffisants au P. Libermann et à ses confrères, s'ils n'avaient
été couronnés par des perfectionnements d'ordre supérieur
dans les âmes. Le service de Dieu, les habitudes de vertu, la
vie chrétienne et le salut éternel : tel était le but suprême que
l'on se proposait dans l'œuvre de l'éducation de cette nom-

breuse jeunesse. Les moyens mis en usage pour atteindre ce
but étaient les retraites, la fréquentation des Sacrements, une
instruction religieuse des plus soignées, les dévotions au Sacré-
Cœur de Jésus, à la Sainte Vierge et à saint Joseph, avec les
confréries en leur honneur, les grandes fêtes célébrées avec le
plus solennel éclat; puis une Société de Saint-Vincent de Paul,
où les plus avancés faisaient comme un apprentissage de cette
solidarité chrétienne qu'ils devaient plus tard continuer dans
le monde.

11. — Le P. Libermann visiteur en Irlande,
aux Antilles, au Pérou.

Au milieu de tant de sollicitudes, le P. Libermann trouvait
encore le temps de se consacrer aux affaires générales de la
Congrégation. Comme il avait secondé le T. R. P. Schwindenhammer, il prêta son concours le plus dévoué à ses succes-
seurs. C'est ainsi que le T. R. P. Émonet l'envoya en visite
officielle dans la Province d'Irlande, où il fit ensuite une seconde apparition, pour se familiariser avec la langue anglaise,
avant de passer en Amérique, en 1893.

A cette époque, des tracas nouveaux à l'intérieur, et des procès au dehors, venant d'abord de l'Enregistrement, à la suite
des onéreuses lois fiscales, et aussi de réclamations en dom-
mages excessives, pour un accident survenu à un élève, eurent
une telle répercussion sur sa santé, qu'il fallut le repos. En
février 1893, le P. Libermann quitta la direction de Mesnières
et dut accepter des vacances. Elles ne furent pas de longue
durée.

Dès le mois d'avril suivant, le T. R. P. Émonet lui demandait
d'aller faire la visite des communautés des Antilles et du Pérou.
Sans hésitation, le bon P. Libermann se rappelle son nom de
François-Xavier, et se lance en la carrière apostolique, qui
pour lui comprendra deux campagnes en Amérique et une troisième en Algérie, où il épuisera ses dernières forces.

Trinidad. — Il s'embarque le 12 avril à Southampton, et
arrive à la Trinidad après une heureuse traversée, effectuée en
14 jours.

Le terrible fléau de la fièvre jaune venait de s'abattre sur l'île l'année précédente, et, au nombre de ses victimes, l'on comptait les deux PP. Lemire, supérieur, et Levadoux, professeur au collège de l'Immaculée-Conception. Le courageux visiteur n'était pas homme à s'en effrayer. Il apportait à la Communauté éprouvée les plus cordiales sympathies de la Maison-Mère et les plus affectueuses consolations de son cœur.

Après avoir consciencieusement rempli l'office de sa mission auprès des quatre communautés de la Trinidad, il alla prendre le repos dont sa santé avait absolument besoin à New-Town, St-Patrick's. Là était le P. Allgeyer, qui devait, quelques années plus tard, être placé à la tête de la belle Mission du Zanguebar ; il lui prodigua les soins les plus prévenants.

Haïti. — Le 15 juin, le P. Libermann quittait la Trinidad, s'embarquait pour Haïti et arrivait à Port-au-Prince le 25. Sa visite va y durer quatre mois, que coupera en deux périodes de deux mois la visite des colonies de la Martinique et de la Guadeloupe, qu'il importait de faire de préférence aux époques des vacances. Sur les instances des Pères de ces deux îles, le P. Libermann s'y rend, sauf à revenir terminer en Haïti des affaires importantes.

Martinique. — Il arrive donc à la Martinique le 26 août. Durant le mois qu'il y passe, il ajoute aux travaux de sa mission spéciale de Visiteur la prédication de 4 grandes retraites religieuses, d'abord aux membres de notre Congrégation, ensuite aux Sœurs de St-Joseph de Cluny à St-Pierre, aux Sœurs de St-Paul de Chartres à Fort-de-France, enfin aux Sœurs de la Délivrande au Morne-Rouge.

Guadeloupe. — Sans se donner un jour de repos, il passe à la Guadeloupe, où il arrive le 30 septembre, et donne les exercices de la retraite aux Pères de la Communauté. Après avoir rempli son office de visiteur, il regagne Haïti. Là encore il dut prêcher la retraite annuelle des Pères, et accepta de donner celle des élèves du séminaire-collège de St-Martial, puis du pensionnat de Sainte-Rose tenu par les Sœurs de St-Joseph de Cluny.

Les Mornes d'Haïti. — Ensuite, sans doute par mode de changement d'air, le Père Visiteur entreprit de se mêler aux travaux des missionnaires dans les mornes, à Pétionville, à

Furcy, etc., en la compagnie des PP. Marcellin Bertrand, Runtz et Wenger.

Le 3 décembre, arrivait la fête du bon Père. On tint, à St-Martial, à lui donner le caractère d'une solennité de famille, avec invitations du clergé et des amis et soirée dramatique et musicale. Constatons à ce propos que, partout où passait le P. Libermann, il avait la joie de se rencontrer au milieu de ses enfants, les Pères dont il avait dirigé la formation religieuse.

Durant son séjour à Port-au-Prince, il eut occasion de voir les autorités, le Président de la République et ses ministres, l'un de ces derniers surtout, M. de L'Espinasse, de la famille du bon P. Tisserand, de sainte mémoire. Ils arrêtèrent alors les bases d'arrangements pour l'établissement par la Congrégation d'une trilogie d'œuvres industrielles, agricoles et hospitalières, qui eurent même un brillant commencement dans la création des Ateliers de St-Joseph en 1895.

Le Pérou. — D'Haïti, le P. Libermann passe à Lima. Il prend la mer le 18 janvier 1894, et débarque au Callao le 6 février. De là il se rend à Lima, où se trouve notre Communauté. Les conférences, la tenue des réunions diverses de Conseil et de Chapitre, les directions et l'inspection des comptes, attirent avant tout l'attention du Père Visiteur. Ensuite le P. Jules Brunetti tient à lui faire voir le pays, et prendre contact avec la population péruvienne. Ils effectuent ensemble un premier voyage à l'Oroya, de l'autre côté des Andes. C'est déjà le bassin de l'Ayoli qui se décharge dans un des affluents de l'Amazone. Le trajet se fait en chemin de fer sur une longueur de 120 kilomètres.

Au mont Meiggs, le train passe sous un tunnel, dont l'élévation est de 4,800 mètres, hauteur du Mont-Blanc : c'est le chemin de fer le plus élevé, et sans contredit le travail le plus hardi du monde. Les sommets qu'il coupe sont couverts de neiges éternelles. Malheureusement le P. Libermann n'a pu jouir de ces incomparables spectacles qu'offre à l'admiration du voyageur cette vallée du Rimac et de l'Ayoli ; il a été atteint du *Soroche*, dont souffrent les estomacs aux grandes altitudes des Andes. Ce premier « raid » avait duré trois jours. Le second, dans la région sud, en prit quarante. Il

commence par Ica. Les Sœurs de St-Joseph ont en cette ville
un bel établissement. Le P. Libermann s'y arrête pour prêcher la retraite. D'Ica nos voyageurs se rendent par mer à
Mollendo, point terminus qui met le lac Titicaca et la Bolivie
en communication avec le Pacifique, en passant par Aréquipa ;
ils poussent jusqu'à La Paz, seconde ville de la Bolivie, après
avoir traversé le lac Titicaca et les hauts plateaux des Andes
boliviennes et péruviennes. Le bon Père Visiteur put se rendre
compte par lui-même combien tous ces centres de la Bolivie
et du Pérou désiraient posséder des Communautés de notre
Congrégation. Il eut même à La Paz un entretien avec le
Président de la République bolivienne sur les moyens d'introduire les réformes utiles dans les Séminaires de ses États.

Brésil. — Enfin le P. Libermann, devant terminer ses visites
par notre maison de Para (Brésil), passa du Pacifique à l'Atlan-
tique, en franchissant, entre Valparaiso (Chili) et Mendoza
(Argentine), la Cumbre, l'un des cols de l'Aconcagoa, le plus
haut volcan de cette région (7,400 mètres).

La traversée de la Cordillère fatigua quelque peu notre vaillant explorateur ; il arriva néanmoins sain et sauf à Buenos-
Ayres et prit place sur un transport à vapeur qui le mena au
Para. Il arrivait à Bélem deux mois après avoir quitté Lima.
Là pourtant ne devait pas encore s'arrêter sa course. Sur le
transport, de Buenos-Ayres au Para, il avait fait la rencontre
de Mgr Aguiar, que le Souverain Pontife venait de nommer à
l'évêché nouvellement créé de Manaos en Amazonie. Le prélat
avait intéressé le P. Libermann aux besoins spirituels de son
vaste diocèse, pour lequel il n'avait que quelques prêtres, et
l'avait invité à venir à son installation, afin de se rendre compte
par lui-même de cette pénurie. Le Père ne recule pas devant
un nouveau voyage de quatre cents lieues sur le grand fleuve.
Il assiste à la cérémonie de réception, témoin attentif de la foi
qui survit encore au cœur de ces populations ; il entrevoit le
bien à y réaliser, plus encore le long des divers affluents
du fleuve, et enfin près des tribus indiennes absolument
abandonnées. Là seraient plus utiles et mieux accueillis,
plus libres dans leur ministère, les Pères de la Maison de Bélem,
qui vivent au sein d'entraves et de tracasseries continuelles.
Enfin il promet à Mgr Aguiar de plaider, en véritable avocat

convaincu, sa cause auprès de la Maison-Mère, et rentre en France. Il est à Paris le 5 août 1894. Son absence avait duré un an et demi.

12. — De nouveau Langonnet et Chevilly.

Après un séjour nécessaire à la Maison-Mère, pour fournir tous renseignements sur ses rapports de visiteur et sur les modifications qu'il proposait aux œuvres existantes, sur les créations nouvelles qu'il projetait en Haïti et aux Amazones, le P. Libermann reprend son poste de supérieur de N.-D. de Langonnet, avec la direction de la section du scolasticat qui y avait été installée. Il y retrouve son fidèle lieutenant le P. Jégou, toujours disposé à remettre la citadelle à son commandant dès qu'il se présente.

Mais ce ne fut pas pour longtemps, car, précisément alors, diverses raisons, en tête desquelles la loi militaire, ramenèrent à la concentration telle qu'elle existait préalablement à Chevilly. La section de Langonnet fut rappelée et rentra au Saint-Cœur de Marie aux vacances de 1895. Avec elle rentra le P. Libermann, qui devint ainsi, de nouveau, supérieur de toute la Communauté de Chevilly, laissant la direction du Grand Scolasticat au P. Vanhaecke, avec le P. Bernard, professeur de philosophie, pour sous-directeur.

Cependant la maladie du T. R. P. Émonet et sa démission de ses fonctions de Supérieur général de la Congrégation avaient nécessité, d'abord le choix d'un Vicaire général, choix qui se porta sur le R. P. Grizard, premier assistant, puis la convocation d'un Chapitre général électif. Il s'ouvrit à la maison du Noviciat de Grignon, en la fête de la Pentecôte, 24 mai 1896. Le P. Libermann était au nombre des capitulants et fut réélu Consulteur général.

13. — L'Amazonie.

Mgr Le Roy, évêque titulaire d'Alinda, élu Supérieur général, ne tarda pas à faire un nouvel appel au dévouement du P. Libermann. Rome pressait la Congrégation d'envoyer des missionnaires aux Amazones, et cela sur les instances de Mgr Aguiar, qui n'avait pas perdu de vue ses conférences avec le P. Libermann. Le prélat, revenant de Rome, nous arrive en personne à la Maison-Mère, le 1er mars 1897. Il plaide si bien sa cause que le P. Libermann lui est accordé, avec les PP. Friederich et Parissier, et il retourne avec eux aux Amazones. Leur peloton se recrute du F. Donatien à Lisbonne, du P. Berthon et du F. Tite, puis du P. Wirtz, de Para. Plus tard, arriveront d'autres collaborateurs, des Communautés supprimées de Bélem et du Pérou. A Manaos, le P. Libermann passe une convention avec Mgr José da Costa Aguiar, qui donne aux Pères la desserte de l'église Saõ Sebastiõ, et promet de les employer à des Missions dans les fleuves, voire à la reprise des Missions indiennes depuis longtemps abandonnées.

Dans ces vastes régions, les routes étant les grands fleuves, le moyen d'évangélisation sera le bateau à vapeur. Mgr de Macedo en avait conçu l'idée, lorsqu'il tenta de créer sous le nom de *Christophoro* un bateau-église qui parcourrait ces voies fluviales, portant partout le Christ et sa parole, et ses sacrements, et son culte et sa Rédemption. Un nouveau *Christophoro* fut acheté, bénit solennellement et lancé sur le grand fleuve dès 1897.

Il est un autre personnage qui, avec Mgr Aguiar, a été l'instrument de la divine Providence pour promouvoir l'œuvre des pauvres Indiens. C'est S. Exc. le Dr Fileto Pérès Ferreira, gouverneur de l'État des Amazones.

« Ce n'est pas à coups de fusil, dit-il dans un de ses messages, ce n'est pas par le fer et le feu que nous civiliserons les Indiens, que nous nous les attacherons. Il faut pour cela recourir à une influence supérieure, l'Évangile, l'Église catholique, les Missionnaires. »

Le P. Libermann était là, disposé à entrer dans ses vues. Ces deux hautes intelligences se comprirent dès leur premier entretien. Un terrain fut donné aux Pères à Teffé : il mesure un kilomètre le long du fleuve des Amazones, avec dix de profondeur. Là s'élèvera un établissement agricole qui groupera d'abord des orphelins du pays, et plus tard de jeunes Indiens. Le 10 juin 1897, le P. Libermann prend avec lui le P. Berthon, et les FF. Tite et Donatien, auxquels se joint un explorateur aussi vaillant qu'aimable, M. Joseph Chanel ; on remonte les Amazones jusqu'à Teffé, où l'on rencontre M. le chanoine Du-

puy, curé de l'endroit, digne prêtre français, qui avait usé de
toute son influence pour décider le P. Libermann à s'intéresser
aux pauvres Indiens abandonnés. Dès 1898, la maison et la
chapelle sont bâties sur un gracieux coteau dominant le cours
du Solimoés, vis-à-vis le confluent du Japura. L'œuvre commence par les défrichements et les cultures.

14. — Exploration du Rio Negro, du Rio Branco et du Takutu.

Pour se bien rendre compte des régions où l'on pourrait avec
chance de succès fonder les Missions indiennes, le Gouverneur
propose au P. Libermann d'aller explorer les Rios, aux frais de
l'État. Une lanche (chaloupe à vapeur) est mise à sa disposition, l'*Autaz*, capitaine Galozzi, et dès le 5 février 1898, prenant avec lui le P. Berthon, le P. Libermann, oubliant ses
68 ans, n'hésite pas à remonter le Rio Negro, puis le Rio
Branco, puis le Takutu, jusqu'aux frontières des Guyanes et du
Vénézuela, affrontant ainsi les dangers d'une navigation longue
et périlleuse, les incommodités, les privations et les mille in-
certitudes d'un mystérieux inconnu.

Le P. Berthon, qui parle très bien portugais, se charge des
prédications et des diverses fonctions du saint ministère. Le
P. Libermann recueille les renseignements qui constitueront
les éléments d'un double rapport au Gouverneur et à son Supérieur général ; de plus, il ne manque pas l'occasion d'ad-
ministrer ses soins aux malades. Des cures heureuses lui
acquièrent une réputation qui le précède dans les *fazendas*, et
lui attire d'innombrables clients. Le P. Berthon relève la
carte des divers rios.

Le 13 février, dimanche de la Sexagésime, le capitaine vient
annoncer que l'on va traverser l'Équateur. Mais aussitôt, l'*Autaz*,
au lieu de passer la fameuse ligne, s'ensable. Au repos, les
Pères disent la sainte messe. Et l'on entend Galozzi prier tout
haut : « Seigneur, désensablez l'*Autaz*, désensablez l'*Autaz*,
Seigneur, vous qui êtes bon, vous qui êtes puissant ! » —
*Exurge, Domine, adjuva nos, et libera nos, propter nomen
tuum*, disaient les deux Pères à l'introït de la Messe. L'*Autaz*
fut désensablé, mais ne put guère remonter au-delà de l'Équateur. Les Pères descendent sur la rive et rencontrent là les

premiers Indiens; mais, hélas ! ces Indiens ne parlent pas portugais; impossible de lier conversation avec eux.

Le 16 février, les eaux manquent; force est donc de laisser là, à l'ancre et les feux éteints, l'*Autaz*, et de s'embarquer sur une « igarité » pour continuer le voyage.

A Paracaouba, on finit par rejoindre le Senhor Sebastiâo Dinis, pour qui les voyageurs ont des lettres du Gouverneur. Dinis est fort simple et plus qu'original, très riche : c'est le Nabab du Rio Branco, généreux et hospitalier envers tous. Une lettre du Gouverneur lui demande de faciliter la mission du P. Libermann, non seulement en lui faisant bon accueil, mais en lui fournissant des bateaux sur le Takutu, des chevaux pour parcourir les campos. — Et Dinis fit tout largement. Il vint conduire les Pères jusqu'à Bôa Vista, capitale du Rio Branco, les fit accompagner de guides sûrs jusqu'à Sâo Joachim. Ils purent visiter les tribus indiennes, puis, toutes les investigations terminées à leur entière satisfaction, regagner Manaos, toujours grâce aux bons offices de Sebastiâo Dinis. La Pâque avait été célébrée à Sâo Joachim ; la rentrée à Manaos eut lieu le 3 mai ; nos explorateurs n'avaient qu'à rendre grâces à Dieu pour le bienfait de l'heureux voyage.

15. — Le retour ; l'ophtalmie.

Cependant ces créations de Missions indiennes devaient se faire d'un commun accord avec les autorités civile et religieuse de l'Amazonie, d'une part, la Congrégation et la cour de Rome, d'autre part. Après avoir adressé son premier rapport à Fileto et arrêté les bases d'arrangements avec Mgr Aguiar à Manaos, le P. Libermann se hâte de rentrer en France pour assurer des conclusions à ses travaux. Dans la traversée, il dressa une relation fort remarquable et très intéressante de tout son voyage. Le P. Limbour put en extraire une série de douze articles à publier dans *les Missions catholiques* avec les cartes du P. Berthon, et des illustrations diverses.

On sait les vicissitudes par lesquelles ont passé, depuis, nos œuvres en Amazonie. Quoi qu'il en soit de leur avenir, le P. Libermann gardera le mérite de s'être dépensé sans compter pour leur fondation.

Dès son enfance, le petit François avait inspiré à ses parents de sérieuses inquiétudes pour le mauvais état de ses yeux. Un mieux vint avec la croissance, qui permit les études; mais il fallut en tout temps ménager l'organe toujours délicat de la vue. Les verres à foyer furent de bonne heure imposés. Les fatigues du travail n'étaient pas pour améliorer les pauvres yeux. Deux fois il faillit périr d'accidents survenus par suite de cette infirmité. Une première fois, c'était à Beauvais en 1884. Le Supérieur de la communauté de Beauvais, l'un de ses anciens élèves, était tellement démoli par des fièvres paludéennes contractées dans ses Missions de l'Océan indien, qu'il fit appel aux connaissances plus spéciales que le P. Libermann avait acquises de ces affections, en soignant les missionnaires. Ce dernier accourut aussitôt de Mesnières et ne craignit pas de faire usage du sulfate de quinine à des doses que d'autres jugeaient excessives. Il sauva son confrère. Mais, comme il allait prendre le train pour retourner à Mesnières, il faillit se faire écraser dans la gare par un train dont il n'avait pas aperçu le mouvement. Ce fut un vrai miracle de préservation.

Dans une autre circonstance, à Manaos dans l'Amazone, il allait sur le soir s'embarquer pour son grand voyage du Rio Branco et autres affluents, lorsque sur le barachois il mit un pied dans le vide, et tomba dans les eaux du Rio Negro. Fort heureusement était là le capitaine Galozzi, qui n'hésita pas à se lancer au secours, et ramena sur la rive le naufragé, qu'il conduisit par le bras se changer et se sécher à la Communauté de Sao Sébastiâo.

A ces infirmités anciennes vint se joindre la cataracte dont il fallut l'opérer des deux yeux à quelques mois d'intervalle. Son courage sut tout supporter, les infirmités et les opérations.

16. — La Mission en Algérie.

A peine le P. Libermann avait-il pris quelques mois de repos à Chevilly, dont il avait été nommé supérieur pour la quatrième fois, à son retour de l'Amazonie, qu'il dut entreprendre une campagne nouvelle, mais en Afrique cette fois. Mgr Cantel, évêque d'Oran, demanda en 1899, au Supérieur général de notre Congrégation, l'un de ses religieux pour remplir le mandat de Visiteur apostolique près de la Société des Frères de N.-D. de l'Association, fondée par le P. Abram à Miserghin, près Oran. Le P. Libermann, désigné pour remplir cette intéressante et délicate mission, prit la mer le 9 novembre à Marseille, emmenant avec lui le P. Onfroy. Les désirs du St-Siège et de Mgr l'Évêque d'Oran étaient que les Frères se fusionnassent en notre Congrégation, et que celle-ci continuât l'œuvre fort intéressante de Miserghin. Le P. Libermann leur prêcha tout d'abord une bonne retraite, en les invitant à rechercher avant tout la volonté de Dieu, et les moyens de la réaliser pleinement en ce qui concernait d'abord leur vocation, puis les œuvres engagées. Une lettre, signée de tous, demanda au St-Siège l'union à la Congrégation du St-Esprit et du St-Cœur de Marie. Un décret de la S. C. de la Propagande du 8 mai 1901 répondait favorablement à ce désir, en supprimant l'ancienne Société, et en autorisant à Miserghin un noviciat de notre Congrégation où la plupart se préparèrent à la profession ; l'un ou l'autre préférèrent reprendre leur liberté.

Les questions du temporel furent plus difficiles à résoudre, en raison des dettes énormes qui grevaient la propriété. L'intervention de la Providence seconda l'action du P. Libermann, et tout se dénoua dans le plus entier succès. La communauté de N.-D. de l'Annonciation de Miserghin était fondée, l'établissement agricole conservé et mis sous le vocable de sainte Marguerite, le P. Libermann nommé supérieur, avec le P. Brunet pour économe, et le personnel suffisant de Pères et de Frères envoyés de la Maison-Mère.

Le noviciat, l'école agricole, ainsi que les cultures, la pépinière et la vigne, reçurent alors une impulsion énergique qui engendra de notables progrès.

Pour inaugurer le noviciat régulier, le P. Libermann prêcha une nouvelle retraite qui commença le 6 juin 1901. Le P. J.-B. Pascal vint, l'année suivante, prêcher celle de la profession. Treize Frères renouvelèrent comme membres de notre Congrégation les vœux qu'ils avaient antérieurement émis dans celle de N.-D. de l'Annonciation.

La mission du P. Libermann avait donc eu un couronnement heureux, grâce à son esprit de sagesse et de conciliation, et au concours providentiel mentionné plus haut. Ce n'était certes pas un médiocre mérite quand on pense aux immenses difficultés dont sont toujours hérissées des opérations aussi délicates.

Au mois de juillet, il dut venir à Paris pour régler, d'accord avec les Supérieurs, des questions qui concernaient la communauté de Miserghin.

17. — L'hémiplégie.

« Au mois d'août suivant, il rentrait en Algérie, plein d'un nouveau courage, avec un renfort de Frères et de Novices de Chevilly, lorsque, par suite des fatigues excessives de la traversée, il se sentit en mer frappé comme d'une attaque d'apoplexie. Elle était bénigne, il est vrai, et les premiers soins vite prodigués à Oran, où il passa une bonne nuit au grand séminaire, puis à Miserghin, conjurèrent le danger. Mais la liberté des mouvements ne revenant pas assez promptement au gré de son activité, il dut rentrer en France et quitta cette chère œuvre pour laquelle il s'était dévoué jusqu'à l'épuisement de ses forces. » (*Bulletin*, XXI, p. 365.)

Le 14 septembre, il put faire le voyage sans trop de fatigue, accompagné du P. David et du F. Vincent. Après trois jours de repos à Paris, il se rendit à Chevilly.

Avant de le suivre dans cette communauté, où il passera ses derniers jours, il convient de rappeler le sort fait à Miserghin par le fait de ces lamentables lois d'expulsion. Voici comment s'en exprime le *Bulletin* (XXII, p. 406) :

« L'autorisation demandée n'a pas été accordée. La propriété est confiée à un régisseur, qui gardera (à titre d'employés) les anciens Frères de N.-D. de l'Annonciation..... Quant aux membres de la Congrégation actuellement présents à Miserghin, ils sont autorisés à rester jusqu'au 7 février prochain (1904), date du passage du premier paquebot de la Compagnie Fraissinet, à destination de la côte occidentale d'Afrique. »

On juge sans peine de l'affliction causée au bon P. Libermann par ces mesures iniques, venant frapper au cœur une œuvre dont la reconstitution lui avait coûté tant de labeurs et presque la vie.

A Chevilly, le P. Libermann, après avoir été apôtre par le zèle et le dévouement, allait le devenir par la souffrance héroïquement supportée. En effet, le 10 janvier 1902, le bon Père s'est senti pris d'un refroidissement. Le médecin, vite appelé, a constaté une pneumonie d'un caractère assez grave pour qu'on lui administrât, sur sa demande du reste, les derniers sacrements. Néanmoins, la crise put être heureusement conjurée. Mais la paralysie persistait, laissant toutefois le côté droit parfaitement libre de ses mouvements. Pour la grande consolation du cher malade, on obtint pour lui de Rome l'autorisation de célébrer le Saint-Sacrifice, même en cet état où il ne pouvait faire usage que de la main droite ; et cette consolation, il l'a conservée presque jusqu'à ses derniers jours.

Une autre consolation lui était réservée, celle de voir le rejoindre à l'infirmerie de Chevilly le bon P. Hubert, lui aussi atteint dans sa santé et obligé au repos. De mars 1903 à juin 1906, ils mènent en communauté leur vie de retraite. Ils font leurs exercices, prennent leur repas ensemble et écoutent les lectures qui leur sont faites par un Frère ou un scolastique de bonne volonté.

Mais le P. Libermann ne peut se résoudre à l'inaction totale. Il a trouvé le moyen de se rendre utile aux futurs missionnaires. Il leur fait un cours de médecine pratique avec des leçons de chirurgie usuelle, que les scolastiques suivent avec grand empressement.

Le bulletin de N.-D. de Langonnet constate avec bonheur que chaque année, aux vacances des scolastiques, le cher P. Libermann les accompagnait en cette communauté qui lui était chère à tous les titres. Là, reposent les restes de son père vénéré ; là, il s'est longtemps dépensé au service de Dieu et du prochain ; là et dans les presbytères des environs, il a laissé des souvenirs impérissables et des amitiés fidèles. L'air pur de Bretagne, les promenades en petite voiture à travers les bois, les allées du jardin et les sentiers de la charmante vallée de l'Ellé, lui faisaient, du reste, le plus grand bien. Il semblait même avoir puisé dans sa chère villégiature des forces nouvelles lorsqu'il en revint pour la dernière fois, en septembre 1906.

En 1903 et 1904, il avait pu aussi aller passer quelques jours à la Villa Carette, à Gagny, chez son frère, M. le général de division Léon Libermann. De quels affectueux égards il se voyait alors entouré de la part de son frère et de ses belles-sœurs, Mme la Générale et Mme Henri, la veuve de son autre frère, et de la part de ses neveux et nièces ! Et quand il lui fut impossible de se déplacer pour les venir visiter, eux s'empressaient à leur tour de se rendre à Chevilly, où se renouvelaient les doux épanchements de famille couronnés par la pieuse bénédiction du prêtre que la maladie rapprochait encore de Dieu. Ce n'est pas sans une émotion profonde que nous avons été nous-même le témoin attendri de ces saintes intimités qui rappelaient les scènes les plus touchantes de l'histoire patriarcale.

Avant de relater la dernière phase de la maladie du P. Libermann, il nous faut mentionner l'acte par lequel il se démet de ses fonctions de Conseiller général de la Congrégation. Une respectueuse déférence lui avait conservé ce titre, même lorsqu'il était évident qu'il ne pouvait plus en remplir le mandat. Il avait alors un suppléant dans le Conseil. Mais, sentant lui-même l'insuffisance de cette mesure, et ne se faisant du reste nulle illusion sur son état, il préféra se retirer, et écrivit à Mgr Le Roy, supérieur général, la lettre suivante qui est datée du 9 décembre 1904 :

« Monseigneur et Très Révérend Père. — Mon âge et mes infirmités ne me permettant plus de suivre la marche et de m'occuper des œuvres de la Congrégation, je n'ai plus qualité pour compter au nombre de ses Conseillers généraux : je viens donc en résigner les fonctions entre vos mains. Voilà une cinquantaine d'années que cette charge m'a été confiée, il est plus que temps de la faire passer à d'autres plus avisés, à une époque si difficile que celle que nous traversons. Il ne me reste, en résignant cet emploi, qu'à vous demander pardon, Monseigneur, ainsi qu'aux Pères du Conseil, de la façon défectueuse dont je m'en suis acquitté..... »

Il faut bien que cette façon de s'acquitter de son mandat n'ait pas été aussi défectueuse qu'il le pensait, pour que, à toutes les élections générales, la confiance de ses confrères le lui ait renouvelé. Et puis cinquante ans, toute une période jubilaire, nous ne sommes sans doute pas à la veille de retrouver semblable pérennité dans la durée d'un mandat qui n'est généralement confié qu'à des hommes recommandables par la lumière de l'expérience et des années. On peut faire une réflexion analogue, au sujet des soixante ans qu'il a passés dans la Congrégation. Voilà qui est encore et sera longtemps rare dans une Société de Missionnaires où l'on ne saurait aspirer à la longévité.

Nous invitons maintenant le lecteur à s'édifier au récit des dernières souffrances du cher et regretté P. Libermann ; nous n'avons qu'à transcrire avec fidélité les notes recueillies par les Pères et Frères qui l'ont assisté, et que nous a transmises le P. Onfroy, son dernier confesseur.

18. — Novissima.

Les 6 années que le P. Libermann passa à l'infirmerie de Chevilly furent 6 années de continuelles souffrances. Dieu voulait marquer du sceau de la douleur le chef-d'œuvre de sa grâce.

La douleur !... L'héroïque victime savait « que si elle n'est pas l'exact synonyme de l'amour, elle en est, en tout cas, le moyen et le signe ». Celui qui aime véritablement son Dieu doit souhaiter de peiner pour Lui.

Aussi, notre cher Père accepta-t-il toutes choses selon la volonté du ciel, et le *Fiat* devint-il, à chaque pas de sa voie douloureuse, le cri d'amour et d'angoisse de son âme.

Sa foi augmentait à mesure qu'augmentaient ses maux. Le feu rend l'or toujours plur pur.

Le règlement du généreux malade nous le montre comme un homme conversant sans cesse avec Dieu.

Vers 2 heures, le matin, il s'éveillait, si toutefois la nuit n'avait point été pour lui une cruelle et longue insomnie. A demi dressé sur son lit de souffrances, et se faisant comme un devoir de vaincre la nature, il égrenait alors pieusement un premier rosaire, après avoir suivi Notre-Seigneur dans le chemin de la croix. C'était son salut à Dieu. C'était la victime qui, devançant le jour, avait hâte de s'offrir en holocauste et de s'étendre elle-même sur le bois du sacrifice, ne réclamant pour seul appui que le secours de la Vierge et de son divin Fils.

A 5 heures, lever et préparation à la sainte Messe. En vain conseillait-on au bon Père, surtout au sortir de ses crises, de ne pas monter à l'autel, par prudence et dans l'intérêt de sa santé, il n'avait qu'un mot pour traduire son âme : « Pourquoi ne voulez-vous pas? Je suis si heureux lorsque je puis dire ma messe : c'est ma seule consolation ! » Souvent, il est vrai, à peine arrivé à l'évangile, les forces lui manquaient, et il se

voyait obligé de descendre de cet autel qu'il nommait si bien
son « Thabor ». On lui consacrait alors une hostie. Mais, le
moment de la communion arrivé, il refusait invariablement de
s'approcher de la sainte Table. Reprenant ses habits sacerdo-
taux et demandant à Dieu de lui venir en aide, il recommen-
çait l'auguste sacrifice. Il y mettait tout son cœur et, malgré
quelques soudaines crises de nerfs dont plus d'une fois eurent
à souffrir les statues placées sur l'autel, il célébrait avec beaucoup de calme. Sa tête, courbée par la douleur, retombait sur
sa poitrine et, pour les assistants, disparaissait presque der-
rière la chasuble : ce qui fit dire de lui, un jour, qu'il paraissait
un autre Alphonse de Liguori. Si la comparaison était juste
pour l'extérieur, elle l'était plus encore pour l'intérieur. En
effet, il y avait l'énergie et la foi qui font les saints, les grands
saints, dans cette âme si « maîtresse du corps qu'elle animait »,
de ce pauvre corps paralysé et miné par des crises toujours
terribles. Une fois, notre cher malade eut à supporter six atta-
ques tétanictiformes successives. Il resta sans connaissance de
2 heures de l'après-midi à 10 heures du lendemain. On le
croyait au bord de la tombe. Le R. P. Grizard, qui était pré-
sent, lui administra les derniers sacrements. Mais non, le
mourant se redressa dans la souffrance et, quoique très affai-
bli, reprit, quelques jours après, son règlement ordinaire. Dieu,
le trouvant si grand, le voulait grandir encore, et le crucifie-
ment continua...

Lorsque le temps le permettait, le bon Père, après l'habituel
défilé des ordonnances et médicaments, se faisait conduire
dans les grandes allées. Le bras du F. Almire, « son bâton de
vieillesse », ne lui suffisait plus, il lui fallait une voiturette
pour ce long voyage autour de la communauté. Il ne manquait
jamais de le commencer par un pèlerinage à la *Mater admira-
bilis*, à la Vierge qu'il aimait tant, et aux pieds de laquelle,
avec une douceur infinie, il laissait déborder le trop-plein de
son cœur. Puis, c'était la visite au tombeau du vénérable Père,
« la visite de famille ». A ses trois *Pater*, *Ave* et *Gloria*, il
ajoutait un *De Profundis* pour les membres défunts de la
Congrégation.

L'après-midi était consacré à la récitation du bréviaire, à la
lecture de quelques journaux et à un second rosaire. Il en mur-
murait un troisième, le soir, dans son lit, pour mieux s'en-

dormir avec ses douleurs, sur le cœur de notre bonne Mère
du ciel...

Les dimanches, il tenait à assister aux offices communs et,
du fond de la chapelle, prenait part aux chants que l'Église
met sur les lèvres de ses enfants pour célébrer la gloire du
Seigneur Jésus. Sa voix aurait voulu être ferme et puissante
comme sa foi, mais hélas! elle s'affaiblissait, de plus en
plus. Seule son âme resta jusqu'au bout à l'unisson de son
amour.

Homme de prière, victime expiatrice, le P. Libermann continua, sur son lit de souffrance, d'être ce qu'il fut toute sa
vie, un apôtre. Il désirait embraser du feu sacré qui le
consumait tous ceux qui l'approchaient. C'étaient, avec
ses chers scolastiques surtout, aux heures de récréation,
d'intarissables colloques sur la vie de sacrifice, sur le zèle
apostolique, sur l'Afrique et sur son Amazonie bien-aimée.

Il fut un père et un directeur pour les parents, pour les
amis qui venaient le visiter, aussi bien que pour les Frères
qui le servaient. Toujours il savait, avec un charmant à-pro-
pos, trouver le mot qui édifiait et, s'il en était besoin, le mot
qui réconfortait dans l'épreuve. « Est-ce que je ne souffre pas,
moi? Est-ce que le bon Maître n'a pas souffert pour nous ?... »
Une de ses plus grandes peines était de ne pouvoir recevoir,
aux heures de crises, tous ceux qui se présentaient. Il aurait
tant voulu les remercier, leur dire qu'il les aimait, leur parler
du ciel et de la souffrance !... Oui, à l'infirmerie de Chevilly,
on gardera de lui un pieux et ineffaçable souvenir.

Lui arrivait-il quelquefois, sous l'effort de la douleur, de
laisser échapper quelques plaintes ou quelques mots d'impa-
tience, il en demandait immédiatement pardon à Dieu et à
ceux qu'il croyait avoir pu blesser. Ses yeux s'emplissaient de
larmes, et son humilité redoublait avec sa patience et sa rési-
gnation à la divine volonté.

Si parfois la première impression, en l'abordant, était mêlée
d'une certaine crainte, jamais personne ne s'est entretenu un
quart d'heure avec lui sans se sentir à l'aise et sans l'aimer. Il
voulait attirer à lui, pour mieux attirer à Dieu...

Et les années se passaient dans cette incessante vie d'union,
longues et monotones, il est vrai, mais fécondes, pleines de
mérites et, nous en sommes sûrs, riches d'âmes sauvées.

Cependant le mal s'aggravait toujours. En vain l'air pur et la joie des vacances à Langonnet lui rendaient-ils chaque été un peu de son ancienne vigueur, les crises revenaient bientôt le clouer au lit, ramenant chaque fois une baisse sensible, un nouveau surcroît de souffrances.

Les derniers jours arrivèrent enfin. En toute paix et tranquillité d'âme, il fit ses préparatifs pour le grand voyage. Il ne disait plus : « Au revoir » qu'en ajoutant : « Dans l'éternité ».

Les battements du cœur devenaient de plus en plus irréguliers, et les plaies des jambes jetaient tout leur feu. On fut obligé de veiller le malade. Novices et Frères se succédèrent durant 8 jours auprès de sa couche. Tous en emportaient une vive et touchante impression.

Le cher Père n'avait qu'un cri au plus fort de la douleur : « Pour Jésus, pour les Noirs, pour les novices, pour tout le monde ! » Et il pressait amoureusement sur ses lèvres, dans un long et difficile baiser, le crucifix de sa profession.

Un matin, ceux qui le veillaient purent saisir ces mots articulés avec peine : « C'est le Vénérable Père qui m'a reçu à mon entrée en religion, c'est encore lui qui me recevra à mon entrée au ciel ! »

Il eut jusqu'à la fin sa pleine connaissance. Nous en avons même eu un exemple très piquant.

Comme, un jour, le P. du Plessis, supérieur de la communauté, était venu, appelé en toute hâte, près du cher malade qui se trouvait alors dans un état voisin du coma, le Frère infirmier dit, après auscultation : « Ça ne va pas du tout ! » et sortit. Le P. Libermann avait entendu la réflexion du Frère. Mais, ne pouvant plus ouvrir les yeux, il ne s'aperçut pas de la sortie de l'infirmier et, croyant s'adresser à lui, il dit en se tournant vers le Père Supérieur et en ripostant à l'oracle pessimiste de tout à l'heure : « Qu'en savez-vous? » Il faudrait pouvoir traduire le sourire de malicieuse douceur qui accompagna cette réponse.

Qu'en savez-vous?... Hélas ! nous ne savions que trop que la mort approchait à grands pas. Elle était visible sur le visage de la pieuse victime.

Le 23 juillet, tout espoir humain était perdu.

A la chapelle de la communauté, le Très Saint Sacrement

était exposé pour la cause de béatification du Vénérable Père.

Le Père Supérieur en vint avertir le mourant et jugea à propos de lui demander s'il voulait bien que l'on fît une neuvaine pour son retour miraculeux à la santé. Le bon Père répondit d'abord : « C'est inutile. Que la volonté de Dieu soit faite ! » Mais, après quelques instances du P. du Plessis, il accepta, et joignant sa faible voix à celle des assistants, il implora le secours du ciel, par l'intercession du Vénérable Père.

Dieu en avait décidé autrement. Le malade put encore répondre *Amen* à l'absolution que le Père crut prudent de lui renouveler avant de le quitter, et ce fut fini.

A 4 heures, en présence du R. P. Supérieur rappelé en hâte et du P. Onfroy, le P. Libermann rendait, doucement et paisiblement, à Dieu et à Marie, son âme si pure et embellie par tant de souffrances. Qu'il repose en paix dans le Seigneur !...

Les obsèques se firent avec une certaine solennité à Chevilly, le jeudi à 10 heures. La grand' messe fut chantée par le R. P. Grizard, et l'absoute donnée par Mgr de Courmont. Mgr Le Roy faisait ce jour-là une ordination à Fribourg, en Suisse.

Dans l'assistance on remarquait une douzaine de membres de la famille, ayant à leur tête le général Libermann. Une nombreuse députation, la presque totalité, peut-on dire, des Pères de la Maison-Mère de Paris, avec bon nombre de Frères, étaient venus s'adjoindre aux novices de Chevilly pour rendre un dernier hommage au vénérable défunt. Les scolastiques déjà partis pour Langonnet, eurent le regret de ne pouvoir s'y assoc er que de loin.

Le corps est inhumé dans le cimetière de Chevilly, d'où les restes sanctifiés seront un jour relevés pour prendre place auprès de ceux du vénérable oncle, dans l'ossuaire de la communauté, l'asile du dernier repos, en attendant la suprême résurrection.

Les Pères plus anciens, ceux qui appartiennent à la génération sacerdotale du P. Libermann, ou qui en approchent, se disaient en rentrant du cimetière : « Nul encore chez nous n'a fourni la carrière religieuse et apostolique du regretté Père ;

peu ont autant voyagé, autant souffert ; nul n'a porté plus loin
la passion du travail et la pratique de la mortification. »

*Qui autem fecerit et docuerit, hic maximus vocabitur in regn
cœlorum.* (Saint MATTH., v, 19.)

A. LIMBOUR,

S. Sp. I. C. M.

LA CHAPELLE-MONTLIGEON (ORNE). — Imprimerie de Montligeon. — 7-08.